MW01596380

El cementerio más hermoso de Chile

The Most Beautiful Cemetery in Chile

THE MOST BEAUTIFUL CEMETERY IN CHILE

Poems by Christian Formoso
English translations by Terry Hermsen & Sydney Tammarine
Cover photo & biographical picture by Janina Alveal
Cover & page design by Josh Brandon

Original text published by Editorial Cuarto Propio 2008
Adapted in English & published by Green Fish Press 2015

Copyright © Christian Formoso 2015
All rights reserved

ISBN 978-0-692-56057-0

CONTENTS

IN THE MIDDLE OF THE STRAIT THE DREAM OF THE MOST BEAUTIFUL CEMETERY IN CHILE

FIRST STONES OF THE DREAM

NAUTICAL DAYS AND FOUNDATIONS

THE FIRST DEAD IN THE ANTHROPOLOGICAL REGISTERY

CHRONICLES OF THE PACIFICAITON OF THE CEMETERY

CONTENTS

TESTIMONIES OF PACIFICATION

PAVILLION OF THE NAMES

PAVILLION / PUERTO HAMBRE

IN PUERTO HAMBRE THEY STILL AWAIT
THE ARRIVAL OF "OUR LADY OF HOPE"

CONTENTS

PANTHEON OF THE TOWNS

PANTHEON WITH MAPS OF THE SEA FOR SARMIENTO IN MAGALLENES

PAVILLION OF BRANCH OFFICES

PANTHEON FOR THE HOUSE OF CHRIST

PAVILLION OF THE CAFÉ SOCIETY OF EMPLOYEES

CONTENTS

TRANSITION ALONG THE ROAD TO ULTIMATE HOPE

PANTHEON OF POSTCARDS OF TOURISM

SECTION OF POEMS IN PLACE OF HEADSTONES

FUNERAL SONGS OF THE DEAD BYSTANDERS

SONGS FOR DEAD CHILDREN

LETTERS FOR QUEENS IN A LAND THAT HAS NO SPRING

CONTENTS

POSTHUMOUS FOUND POEMS

POEMS IN EXCHANGE FOR TOMBSTONES

SECTOR OF THE CHILEAN MIRACLE

ALL OF THESE NAMES ARE YOUR NAMES

IN THE GARBAGE HEAPS AND CENTERS OF DELINQUENCY
THEY STILL AWAIT THE ARRIVAL OF "OUR LADY OF HOPE"

CONTENTS

TRANSFORMING ALL OF YOUR NAMES

SONGS FOR THE DEAD CHILDREN OF THE GARBAGE HEAPS

WITH PROPER NAMES / THE PAVILLION OF THE MIRACLE

ALL OF THESE NAMES ARE MY NAMES

EPILOGUE

THE MOST BEAUTIFUL CEMETERY OPENS THROUGH SHIPWRECKS AND DREAMS

CONTENTS

THE MIRROR DREAMS FULL SPEED AHEAD

POSTSCRIPTS

Note from the Translators

For two years and more we have dwelt in the book you now hold in your hands. An adventure of love and commitment, an investigation into the power and play of language as it crosses boundaries and tries to live in two worlds. We are so grateful to have been immersed in Christian Formoso's intense and inventive vision and hope you will experience some of the same illuminations we did as we traced into English his forays into Patagonia's history, landscape, mythology and politics.

This book feels both ancient and contemporary. It begins by paying homage to the oldest volume of poetry published concerning Chile, Alonso de Ercilla's *La Araucana* (1589), then weaves in legends from the Yamana tribe, sails the treacherous routes of Sarmiento de Gamboa's fantastical and disastrous voyages, and closes with glimpses into many lives played out under Pinochet's severe dictatorship close to our times. All of this centered in and around what is indeed justly called "the most beautiful cemetery in Chile" in the city of Punta Arenas on the Strait of Magellan.

It's a polyphonic journey where many voices conjoin, debate, dream and hallucinate in this "palace of winds" and dive so frequently under the waters of our common lives.

Our process was one of discovery. We debated every phrase, every word. Often we found a fairly direct transfusion to be the most poetic, but there were other times when an indirect approach to the phrases was more accurate and helpful. Our goal of course was to bring across poems that work in contemporary English, while maintaining a sense of the many joys and surprises of reading this compelling new poet in the original.

With many thanks to Christian Formoso for his ongoing response to our work, and for this book itself, which offers us lenses into so many diverse and fascinating worlds.

—Terry Hermsen & Sydney Tammarine

El cementerio más hermoso de Chile

The Most Beautiful Cemetery in Chile

EXTRACTO APÓCRIFO DE LA ARAUCANA

—El cual declara del cementerio
más hermoso de Chile—

Sobre sus islas o en tierras bañadas
por cielos más hondos, o en su silencio
o en las planicies que lloran calladas
el luto sin pausa hermano del viento
se llega a la tierra no cortejada
por ningún vivo, guardada a los muertos
que callados se siembran divididos
soñando el mismo sueño de los ríos.

A falta de atributo coronado
con la estrella brillante de la sangre
dirán de este Estrecho intencionado
su nombre en la sed como el vinagre
heredará solo un cetro callado
la gloria de las lápidas que ladren
los viajes que midieron en sus leguas
sus congojas inútiles, sin tregua.

Se cuadren ante el sol los escuadrones
que den con este surco de lamento
que ladren con fervor sus oraciones
y apuren despedidas, besos lentos
se guarden sus recursos sin misiones
y busquen sus banderas por consuelo
quien baje a la caldera de esta sombra
se olvide de su alma y de sus obras.

Que aquí la salvación dejó su capa
trocada en un traje con espinos
y es rojo el brebaje de sus mapas
y seco el manantial en su destino
mas honda la canción que de sus grapas
amamanta al que de lejos vino
que no baja la guardia estacionada
ni el respiro, su sombra enamorada.

APOCRYPHAL EXTRACT OF "LA ARAUCANA"

—by which he announces
the most beautiful cemetery in Chile—

Over your islands, lands bathed
by low-hanging skies, or in your silence,
those wavery expanses that mutely range
like brothers to the wind, mourning in endless
arrivals on the earth, that never wed,
for nothing live, guard only the dead,
who softly sow their long divisions,
dreaming the same dream as the rivers.

But nothing calls, nothing gives direction,
some star of blood in brilliance burst
to give this Strait a clear intention—
your name like vinegar on our thirst
inherits only a silent scepter—
that glory of headstones to quietly cry
over journeys with their leagues long measured,
their sorrows useless, without respite.

They stand before the dawn these stones
and give these furrows their lament
and cry with fervor their orations
and purify your farewells with slow and latent
kisses that guard your memories without missions
and seek the flags that offer counsel
to those below the shadows' cauldron
forgotten in your work and in your souls.

From here salvation lowers its cape
bartered for a suit of thorns.
It's turned red, the brew of your map
and bone-dry your destiny's fountain.
But deep is your fastened recitation
that suckles the long and distant wines
refusing to leave your guarded station
nor your tight breath, your clinging shadow.

Ellos cubren sus nombres transparentes
deletreando el paisaje torturado
y aventajan a los viejos videntes
en el arte de sellar lo anunciado
y pagar el pasado con presente
con la boca y el deseo tapiado
con el ancla del día que bajando
sus raíces, sus nombres va llamando.

La señal de la alborada y su día
que promete sellar su estrella sola
y el paso escrito en las bahías
que comparten su honra y su demora
sella viejos acuerdos, nombradías
volviendo justo el pago de sus horas
pues *no ha de haber partido ni concierto*
sino sólo matar o quedar muerto.

They've covered your transparent names
deciphering your tortured passage
surpassing the legended ancient days
in the art of sealing the adage
and paying for the past with the present
with the mouth of walled up desire,
the anchor of the day lowering
its roots, your names that wander, calling.

The signal of the dawn and the rising day
promise to seal your solitary star
and your crossing written on the bays
dividing your bearing from your honor
sealing the old and torn accords, the fame
that returns in payment for your hours
since all you have is your solo will
to kill only or to be killed.

EN MEDIO DEL
ESTRECHO EL SUEÑO
DEL CEMENTERIO
MÁS HERMOSO
DE CHILE

IN THE MIDDLE OF
THE STRAIT, THE DREAM
OF THE MOST
BEAUTIFUL CEMETERY
IN CHILE

VELAS DISPUESTAS AL NAUFRAGIO Y AL SUEÑO

Viejas palabras escuchas de mañana, semillas que crecen en tu peso dibujado, la grieta de la lápida no escrita todavía, tu mano en el té subiendo su vestido, el vestido transparente al fondo de tus ojos, su boca a un costado del domingo, el corazón haciéndote ronda, llevando su angustia al fondo de tu mirada, la risa que aún hace temblar tus labios, el brillante de un anillo *semejante* a la señal de tu barco que se hunde.

SAILS UNFURLED BY THE SHIPWRECK AND THE DREAM

You listen to the old words of the morning, seeds that rise in your drawn weight, the fissure in the tablet you have not written yet, your hand lifting up her dress, the transparent one at the back of your eyes, your mouth one side of Sunday, your heart that fills you, leaving you her anguish for your eyes to ponder, a laugh that even now trembles on your lips, the brightness of a ring impersonating the signal of your boat that will drown her.

JUNTO AL SENDERO
Y LA ESPESURA

1

Junto al sendero subterráneo y la espesura escuchamos parir, el llanto de la podredumbre, el hijo estacado sobre el pecho de la madre desangrada, escuchamos juntos la llama que se abre; la llama de la podredumbre al abrirse es rojiza, la madre de la madre es la boca de sus ojos, la boca del sendero cuyo pezón es rojizo. Estamos perdidos junto al sendero y el llanto, el calor se escucha, cruje el pan seco, alguien dice *estamos junto al fuego*, compartimos la leche, la tasa de sangre que la madre nos ofrenda, la llama que estiramos en las manos y soplamos. Alguien cuenta un chiste, las palmas frías y enrojecidas, a todos nos tiembla el pedazo de labio que despegamos de la taza, contentos estamos junto al fuego, el sendero y la espesura.

2

Sombras y nubes, persiste mi ruego ante el estrado del frío, no sueño mi testamento sino pobrezas blancas, surcos blancos en páginas blancas, hasta que al fin lo sueño, al fin lo veo lleno de espuma de la mar, y veo el agua perdida en mi viaje, la vieja ola de certezas y cortezas, la rama de salvación que en mi se hunde, nabes y sombras que confundo.

BETWEEN THE CHANNEL
AND THE WIDENING EXPANSE

1

Between the submerged channel and the widening expanse, we listen for the birth, the cry of the waste, the child staked above the bleeding breast of the mother, listen close for the opening flame; the flame of the waste that opens the passage is red, the mother of the mother is the mouth of our eyes, the mouth of the channel whose nipple is red. We are lost between the channel and the tears, the listening heat, the crunch of dry bread, some say *we are joined with the flame*, sharing the milk, the measure of blood that the mother offers, the flame we extend with our hands and blow out.

Someone tells a joke, palms cold and reddening, shaking us to the place on the lips where we let go of the cup, content to be between the fire, the channel and the widening expanse.

2

Shadows and clouds, my prayer persists before the cold platform. I do not dream of my testament but rather stark poverty, white furrows on white pages. Until the end I dream it, until the end see it filled with the spume of the sea, see the water disappear into my voyage, the old wave of certainties and appearances, the branch of salvation that in me falters, clouds and shadows merging.

JUNTO AL SENDERO Y LA ESPESURA

1

Nombre de cuenta y clave de acceso; al fondo de la pantalla diminuta figura, el blanco de la pantalla contra el blanco de mi mirada, tus ojos contra la cámara en la silla de madera. Veo a distancia la aparición de figuras, talladas con pixeles a escala diminuta. Mi conciencia dibuja las letras del espacio: cómo está el tiempo en Cozumel: *sí llueve*; cómo está el tiempo en Punta Arenas: *hay viento*. Teclas rimadas contra la soledad de una cabina, el llamado destino en la barra espaciadora, la imagen de la cámara que tiende a congelarse.

2

El fondo de la pantalla es mi rostro. Sobre él escribo los nombres que me son dados: *alicia la zurda*, que vive sola en Linares; *anamaría triste*, profesora de Vallenar; *soledad* se ha retratado en una foto animada, pornografía animada sobre un paisaje de luces, madres e hijas abrazadas desnudas, nubes y sombras que confundo.

BETWEEN THE CHANNEL AND THE WIDENING EXPANSE

1

Name of account and access code: at the end of the screen's diminishing figure, the white of the screen meets the blank of my gaze, your eyes facing the camera in the wooden chair. I see in the distance the apparition of figures, formed of pixels in the smallest scale. My conscience draws the letters in space: how is the weather in Cozumel: *it rains*; and the weather in Punta Arenas: *there is wind*. Keys rhyme against the solitude of the cabin, the call of destiny in the click of the space bar, the image of the camera that offers to freeze.

2

The end of the screen is my face. Above him I write the names I am given: *Alicia the left-handed* who lives alone in Linares; *sad Anamaria*, professor of Vallenar; *Solitude* portrayed in one animated photo, living pornography over the passage of the light, mothers and daughters in naked embrace, clouds and shadows merging.

AL FONDO DE LA PÁGINA BLANCA

Todo y lo menos posible es decir quieto, alguien ronda, el agitado tumulto de una sola herradura, un palo cerrado sobre el decir de una garganta. Todo y lo menos es hallar la cabeza de un viejo epitafio tallada en el tronco blanco de una palabra. Al fondo de la página ves un barco y un naufragio. Eres el barco y el naufragio.

BENEATH THE BLANK PAGE

Everything and nothing is to be said quietly, someone prowling, the agitation of a single horseshoe, a furled mast above the speaking of a throat. Everything and nothing is to find the head of an old epitaph carved into the white stem of a word. Beneath the page you see a ship and a shipwreck. You are the ship and the shipwreck.

AL FONDO DE LA PÁGINA BLANCA

La conexión se ha vuelto lenta e inestable, el revés de la página ha encallado en conexión, en su destino derramado es imposible abrir una página, el tronco blanco de una palabra es imposible abrirlo hasta bajar al caserío para borrar la distancia, la singladura más próxima abierta al centinela, el vigilante de los años destinado a su coronación. Su página de inicio es la foto de otra página, con la imagen de un barco y los restos de un naufragio.

BENEATH THE BLANK PAGE

All internet connection has turned slow and unsteady, the reverse of the page has run aground, in your swelling destiny it's impossible to open the page, the white stem of a word cannot open it until you go down to the harbor to erase the distance, the nearest voyage to the door of the sentinel, the watchman of the years destined for your coronation. Your first webpage is the photo of the other page, like an image of a ship and the remains of a shipwreck.

EL BARCO Y EL NAUFRAGIO

Independencia del uno y del otro, del ejército y la mazmorra calada al alma del barco, aleteo y alarma, tinte rojizo y azul la independencia, no blanca hacia el fin de la hoja, rojizo el borde de la nieve, el copo de acantilado, el rezo de animación cayendo, la performance subrayada, el puente de mando, el viejo hilo quemado de la vela, el cuero de las amarras, la madera de la popa, la vieja madre la proa, el mascarón decidido, las mujeres de la cabeza que se ahogan junto a la Virgen, el hueso, el falo enorme del barco, de la muerte, entrando y saliendo de la mar.

THE SHIP AND THE SHIPWRECK

It's an independence of one sort or another, of the army and the dungeon soaking in the soul of the ship, fluttering and alarmed, stained the red and blue of freedom, not the white at the end of the blade, more like the red along the edge of the snow, the cup of the cliff, prayer of wild descent, the performance exaggerated, slowing, in the bridge of command, the old threads of the sails aflame, the hide of the moorings, the wood of the stern, the old mother of the prow, the masthead still at issue, the women at its head intertwined with the Virgin, the bone, the enormous phallus of the ship, like the dead, forever pushed and pulled by the heart of the sea.

EL BARCO Y EL NAUFRAGIO

Es mi parte del entierro la que llevo a cuestas, tu parte de la cifra que enturbió mi entendimiento, tu boca caliente sobre mi frente fría, tu mano tibia sobre mi corazón detenido. Supiste de mi andar y de mi claustro, mirando el hundimiento de mi sombra; me diste de beber y me secaste la boca. No olvidé tus ojos reflejando mis ojos: el vacío de la muerte contra el fulgor de la vida, la despedida sin palabras que te di sin moverme, la mano quieta incapaz de decirte adiós, pero mi cuerpo era toda mi mano diciéndote adiós, mi pañuelo agitado entrando y saliendo de la mar.

THE SHIP AND THE SHIPWRECK

My part of the burial is to lead up the slopes, your part of the tallying to cloud my understanding, your hot mouth above my cold forehead, your warm hand over my stilled heart. You finally knew of my walk and my retreat, watching over the collapse of my shadow; you gave me drink and dried my mouth. I did not forget your eyes reflected in mine: the hollowness of death against the glow of life, the wordless farewell I made without moving, my quiet hand incapable of saying it, though my body was nothing but a hand waving goodbye, my fluttering handkerchief entering and leaving the sea.

EL FONDO DE LA MAR

1

El fondo de la mar no es el fondo de una rosa, el fondo del silencio creciente: la rosa perpetua no deshoja su mirada ante las aguas; el fondo de la rosa no es el fondo de la mar, pero se marchita una sombra para llevar su semilla, y en su talón se encierra su codicia jalonada, y un temblor iguala sus señales, cuando la rosa vuelve al fondo de la rama, y la ola vuelve al fondo de la mar.

2

El fondo de la mirada salada de los mares, el fondo de la es-pina de la rosa en las miradas, la pestaña de la mar donde se aferran los náufragos, el fondo de la mar donde se abren las miradas, la pestaña en la mejilla de la que cuelga una carta, la carta de naufragio extraviada en el correo, el sobre con huesos olvidado al fondo de la mar.

THE END OF THE SEA

1

The end of the sea is not the end of a rose, the end of silence growing: the perpetual rose does not drop its glances before the waters; the end of the rose is not the end of the sea, but she withers in her shadow to leave a seed, in the imprint of her heel a marked code, a burst of equivalence, when the rose turns at the end of its stem, and the wave turns at the end of the sea.

2

The end of the salty glance of the seas, the end of the thorn of the rose in its glances, the eyelash of the sea where it gathers the shipwrecks, the end of the sea where it opens its glances, its eyelashes on the beach where it offers up a letter, the letter of the shipwrecked lost by the carrier, the envelope of forgotten bones at the end of the sea.

EL FONDO DE LA MAR

1

Detrás de mi sed me hallaron colgado, delante de mi vaso a un lado de mi mesa, me hallaron descansando en todo mi follaje, mi sed renovada con la sed de mi descanso, hacia atrás traspasando los ojos mis recuerdos, los ojos de todas las mujeres en mis ojos, la luz de sus cuerpos que habité traspasando, y luego la sed de irme lejos y no ir, la sed de las olas frente al bar de la costa.

2

El bar de los apóstoles no está al fondo del cielo sino al fondo de la mar, al fondo del Estrecho custodiado de sus náufragos. A él van a beber los redimidos por el agua, los intoxicados por la sangre de Cristo, los callados en la luz púrpura: amigos silenciosos que llegan puntuales, repiten sus huesos trago a trago, caen toda risa sus calaveras dormidas. Sueñan los apóstoles un viejo cementerio, el más hermoso dicen cuando despiertan nunca.

THE END OF THE SEA

1

Behind my thirst they found me suspended, in front of the glass at the side of my table, found me resting amidst all of my foliage, my thirst renewed with the thirst of my rest, my memories piercing backward through my eyes, the eyes of all the women in my eyes, the light of their bodies where I dwelled in passing, and later the thirst that took me far and took me nowhere, like the thirst of the waves lining up at the bar of the coast.

2

The bar of the apostles is not at the end of the sky but at the end of the sea, at the end of the Strait guarded by its shipwrecks. Here is where they come to partake of the redeeming waters, those drunk on the blood of Christ, the silent ones in the violet light: friends without voices who arrive always punctually, replicating in their bones drink after drink, their sleeping skulls falling, full of laughter. They dream, these apostles of an ancient cemetery, the most beautiful they say, though they never awake.

OLVIDADO AL FONDO DE LA MAR

El hueso de fornicar olvidado al fondo de la mar, el hueso de la semilla, el del párpado rojo, el semáforo rojo. El hueso de una estrella que alcanza un día sin nombre. Olvidado al fondo de la mar, hueso sobre hueso el perfil de la perrera, a mandí bula batiente el batallón de esqueletos, risa sin alegría y sin cabeza, sonrisa de las costillas, llave de la mitad más duradera. Del fondo de la mar y de esos huesos, sale una ola disparada por castigo. El viejo movimiento hacia adelante es el castigo.

FORGOTTEN AT THE END OF THE SEA

The copulating bone forgotten at the end of the sea, the bone of the seed, the red eyelid, the red flag. The bone of a star grasps at a day without name. Forgotten at the end of the sea, bone over bone, the profile of hounds, a mandible beating a battalion of skeletons, laughing without happiness and without a head, smiling through ribs, a key that half opens and always continues. From the end of the sea and from these bones resumes a wave desperate for punishment. The ancient rocking, rushing movement, that is the punishment.

UN GRUPO ES UN CEMENTERIO

Un grupo es un cementerio nacido blanco entre huesos, seco y amamantado sin leche. Al reverso hay una inscripción, el destino dicen, el pasto cargado de semillas y de besos, el color de la orilla sedienta y sedienta. De rojo a verde cambia el color de los besos, la sed cambia de rojo a verde, y luego de verde a rojo, y luego de rojo a verde.

ANY GATHERING IS A CEMETERY

Any gathering is a cemetery born white inside bones, dry and suckling where no milk comes. The reverse is an inscription, the fate they speak, the past poured into seeds and kisses, the color of the shore growing drier and drier. Of the red and the green are kisses made, the deep thirst blending the red with the green, then the green with the red, and then the red with the green.

UN GRUPO ES UN CEMENTERIO

Más de uno es más de lo mismo, todo se reduce a subir y bajar de la soga, a repetir el llanto con que alumbran la habitación de uno solo, el nicho y el ataúd que simbolizan los amantes, el accidente de nacer y el accidente de morir, el incendio y el calcinado que se hacen uno en su fuego, el arrollado en la calle que es la luz del semáforo, cambiando de verde a rojo, y luego de rojo a verde.

ANY GATHERING IS A CEMETERY

More than one is more of the same, everything reduced to the raising and lowering of the noose, repeating the tears that illumine the house of anyone, that fine niche and coffin that epitomizes the lovers, the accident of birth and the accident of death, the conflagration and the flame that makes us in their fire, the dead one in the street who now sways as the traffic light, combining the green with the red, and then the red with the green.

DE HUESO SE HACE LA LETRA

Usted piensa en las letras de su hueso cuando puede a la vista leerlo, no es más que levantarse una vuelta tarde y hallar el horóscopo escrito al azar, pasar al otro lado del aire, detrás de la ronda del sueño, del ruido de besos que el hijo vigila en la noche. Tras otros gemidos usted halló su gemido, temblando de fiebre y de celo en la noche. Hoy llanto y gemido asoman a igual distancia, pero usted confunde las distancias, los nombres que anuda bajo el suelo de su casa, la tabla que ocupa el lugar de sus ojos, el año con forma de piedra en su pecho.

THE LETTERS ARE MADE OF BONE

You think in the letters of your bones whenever your vision allows you to read. It is no more than rising around a last turn to discover your horoscope written upon chance, passing through the other side of the air, behind the vigil of the dream, the noise of kisses that your child keeps listening for in the night. Within other cries you found your own, trembling in the fevers and fervors of the night. Now weeping and wailing assume an equivalent distance, but you confuse how far, confuse the names knotted below the floor of your house, the underlayer that now occupies the place of your eyes, the year that now forms the stone in your chest.

DE HUESO SE HACE LA LETRA

Nunca me dijo hasta que lo dejó escrito: *andas en tomas y ya no lo aguanto*. Cuando la vi de nuevo yo temblaba de fiebre, de vino, de celo y del caldo de la noche. Sus manos de ellos y mi mano en un fierro: era el mismo amor enlazándolo todo. Y el fuego del fierro y la cabeza del otro: era el mismo amor enlazándolo todo. Llanto y gemido brotaron a la distancia, pero tal como ahora confundía las distancias: *tú no te vas* dijo zumbando mi fierro, le eché tres disparos a su casa, le puse un beso en sus ojos, y una piedra en su pecho, para que no se vaya.

THE LETTERS ARE MADE OF BONE

She said nothing to me until she wrote: *You're always out drinking and now I can no longer bear it.* When I saw her again, I trembled with fever, with wine, with zeal, and the broth of the night. All those hands and my hand on the iron: it is the same love that ties us all. And the fire of the iron, and the mind of the others: it is the same love that ties us all. Weeping and wailing spring from the distance but such distances are always deceptive: *you cannot leave* mocks the iron, firing three shots at her house, placing a kiss on her eyes, and a stone in her chest, so that she will never go away.

LLANTO Y GEMIDO ASOMAN A IGUAL DISTANCIA

1

A igual distancia llanto y gemido, a distancia mecida sobre el agua y el pasto, al silencio agrietado el ataúd de tu nombre, a distancia de tus ojos y de los ojos de tus ojos, a distancia estrellada bajo el cielo estrellado, con tu cabellera llena de estrellas blancas, que corren y chupan.

2

Llanto y gemido asoman a igual distancia, una lumbre cae al pasto seco, un pastizal ardiendo, un martilleo sobre el pastizal de tu corazón, un caballo pastando sobre el pasto quemado, un caballo quemado cuyo corazón late en tu pecho.

3

Llanto y gemido asoman a igual distancia: mi mano quebrada en mi cabellera quebrada, mi hueso de visita en su viejo astillero.

4

Madre calavera que reposas sin lunes, dame una canción para secar mi cabellera, dame una boca para hablar de los amantes, para no reparar en las distancias que de yo a mí se abren. Es de noche: llanto y gemido. Ay de aquel que no se escucha.

WEEPING AND WAILING ASSUME AN EQUIVALENT DISTANCE

1

An equivalent distance between weeping and wailing, a distance midway over the water and the field, of the silence that cracks open the coffin of your name, a distance between your eyes and the eyes of your eyes, a starry distance beneath a starry sky, where your hair is full of white stars, like insects that slide in and consume.

2

Weeping and wailing assume an equivalent distance, a light falling over a dry field, a burning pasture, a pounding over the pasture of your heart, a horse grazing over the burning field, a burning horse whose heart beats in your own chest.

3

Weeping and wailing assume an equivalent distance: my broken hand in my broken hair, my bones that visit your worn shipyard.

4

Mother skull that rests without end, give me a song to dry my hair, give me a mouth to speak of lovers, not to mend the distances between me and what opens me. It is of the night: the weeping and wailing. It is of that which you cannot hear.

LLANTO Y GEMIDO ASOMAN A IGUAL DISTANCIA

1

A veces mis ojos negros: del pasto al cielo de la noche, a veces sangrando de narices y de boca, nunca dejé de llorar a tus pies arrepentido, nunca sobre el pasto di fuego a otra fogata, todo tuyo hasta entrar en mis ruinas, la casa larga para mi ira muy corta, un viaje atadas las manos con alambre.

2

Caballos de sangre corriendo sobre mis sienes, tu sangre detenida sobre el piso de tu boca, la casa quebrándose quieta por dentro.

3

Distancia de mi mano a tu parpadeo, no esquivaste las quebradas distancias, tu nariz ni tu brazo son tu viaje con alambres, no soy tú corriendo ensangrentada, ni el bucle arrimado bajo tu pecho naciendo. Yo estoy naciendo muerto a la distancia, saliendo de tu sangre llorando y gimiendo, pidiéndote una boca para decir nunca más, una canción para secarte entera, una cerca de púas que me aleje de mí.

WEEPING AND WAILING ASSUME AN EQUIVALENT DISTANCE

1

At times my dark eyes: like the pasture of the sky at night, at times like bleeding from the nose and the mouth, I never stopped crying at your feet like a penitent, always building another bonfire over the burning fields, all to get you to enter my ruins, this grand house for my rage now so narrow, like a voyage binding my hands with wire.

2

Horses of blood galloping through my temples; your blood held inside the steps of your mouth, the house quietly breaking on the inside.

3

This distance between my hand and your blinking, no way to bridge it. Neither smell nor touch will carry you through the wires. I am not your running blood, nor the ringlets writhing below your rising chest. I am born in death from within the distance, out of your blood, weeping and wailing, asking you for a mouth to say nothing more, a song to soak up all of you, a barbed wire fence to keep me away from me.

LA UNA Y LA OTRA QUEBRADAS

1

Seguirás creyendo en mí cuando me parta, cuando me vuele la cabeza por ti. Tengo sueño todo el día por tus manos, dilatadas mis pupilas con tus ojos, a un costado de tu casa *abrir mis venas, y vaciar toda mi sangre a tus pies*; me desvelo pen-sando con quien sueñas, el calor del río de la sangre, es poco persistente y doloroso.

2

Que encuentres tú mi cadáver, que no sea tu madre la bandera ondulada, que el viento no me lleve sin que me veas tú, porque por ti me hice el muerto, como un perro, y eso el olvido no merece.

3

Me recogiera tu mano y me sembrara, al fondo de tu patio y tu ventana, y me regaras con tu llanto por mí, por mí lloraras día y noche sin parar, y mi semilla fuera fértil en tus venas, y naciera en ti mi sueño y mi memoria, y tu sueño fuera yo dentro de ti, el sueño, el cementerio más hermoso, por nacer regado de tu llanto.

STREAMS OF THE ONE AND THE OTHER

1

Continue believing in me when I am gone, when my head explodes over you. I have dreamed all day of your hands, watching my pupils dilate in your eyes. Beside your house *opening my veins, and emptying all of my blood at your feet*; I lie awake thinking of whom you dream, the heat of the river of blood so persistent and painful.

2

I hope that you find my cadaver, when your mother is no longer a fluttering flag, when the wind no longer carries me without my seeing you, because it is only for you I played dead, like a dog, and such oblivion you do not deserve.

3

Your hand will sew and harvest me, below your patio and your window, and you will water me with your tears, crying for me day and night without stopping, and my seed will be fertile in your veins, giving birth in you to my dream and my memory, and your dream will be me inside of you, the dream, the most beautiful cemetery, born watered with your tears.

LA LÁGRIMA DE KOOCH QUE DIO ORIGEN AL CEMENTERIO MÁS HERMOSO DE CHILE

Desde el principio de todo
Kooch estaba rodeado de tinieblas
esto lo entristeció de tal manera
que comenzó a llorar
fueron tantas sus lágrimas que
formaron el mar,
donde comenzó a gestarse
la vida para poblar el futuro mundo

VIDA Y LEYENDAS
TEHUELCHES
MARIO ECHEVERRÍA B.

Te digo que te amo aunque sólo te vea en el inventario
de los muertos, aunque tu mano no vaya más allá de tu
  amor
hecho pedazos, ayer corté tu mirada atravesando un lecho
de fuego, donde no sucedía sino la oscuridad ante mis
ojos, antes de ti no conocía el beso de las distancias
ni las distancias que ahora soy en tu tiempo inmemorial.
Ayer es el tiempo sembrado sobre mí antes que
aparecieras, yo estaba solo vestido de tinieblas desde el
principio de todo, las páginas vacías sobre mi rostro en la
pantalla, pero tu alegría me penaba coronando un mar en
 construcción, un mar blanco que no era mar ni era
  blanco
un todo vaciado de sentido, parecido a la nada, mensajes
de texto en jergas desconocidas, otras lenguas del vacío
bajo el vacío de la forma. Todo me entristeció de tal
manera que comencé a llorar, y mi llanto por ti
fue profundo e interminable, y mis lágrimas fueron
tantas que formaron la mar, y con la mar se encendió
mi deseo, y con mi deseo el latir de la vida, porque mis
lágrimas te hicieron nacer, tal como te conozco y
te lloro te hicieron mis lágrimas, y de ensayos de ti
fui poblando todos los mundos posibles, todos

THE TEAR OF KOOCH WHICH CREATED THE MOST BEAUTIFUL CEMETERY IN CHILE

From the beginning of everything,
Kooch was surrounded by shadows
This saddened him so much
that he began to cry
So many were his tears that
they formed the sea,
where he began to shape
the life that would populate the world.

LIFE AND LEGENDS
OF THE TEHUELCHES
MARIO ECHEVERRIA B.

I tell you that I love you even though I have only seen you
  in the inventory
of the dead, even though your hand did not reach beyond
your shattered love. Yesterday I excised your sight from a
  riverbed
of fire, where nothing remained but darkness before my
eyes. Before you I did not know the kiss of distance
nor the distance I now reside in, your time immemorial.
Yesterday is what time sowed over the top of me before
  you
appeared, I was dressed only in darkness from the
beginning, the empty pages over my face on
the screen, but your happiness tormented me, crowning
  the sea
as it formed, a white sea that was neither sea nor white
merely a being totally emptied of feeling, seeming like
  nothing, text
messages in unfamiliar jargon, other languages of vacancy
below a vacancy of form. Everything saddened me
so much I began to cry, my tears for you
were deep and endless, and my tears were
enough to form the sea, and the sea aroused
my desire, and with my desire the throb of life. Because of

los tiempos fueron posibles por hallarte
los ojos tal cual los viera clavados en un cajón de mi
sombra, pero tus ojos estaban perdidos en la mar
y por verlos encarnados en mí, yo solté el suspiro del
  viento
que agitó las tinieblas, yo vi la luz asistiendo a tu parto,
  junté
uno a uno los huesos para ti, la sábana clara del día
la puse sobre ti, el fuego de las flores lo puse
a latir en tu pecho, con la guirnalda del verano adorné
tu cintura, para tu cuello arrebaté el tallo
del mediodía, tus manos fueron traídas del paraíso
de las palomas. Tu voz hizo agitada la mía
como un río, todo entonces de fondo del gran fondo
de ese ni blanco ni mar con gemidos y calores
su alrededor blanco y su centro de fuego, y del centro
del fuego la marea de los años, y de los años su fulgor
para ti. Pude hacer todo hasta el anhelo del todo
partir el señuelo de tu boca y entrar a tu pieza
en la noche, dar el hijo al calor
de la corriente, al poder de las sentencias
jalonadas, pero hoy no soy más que esto arrinconado
a la ceniza, a la finitud de tu carne y al decantar
de tus huesos, sobre las piedras y bajo las autopistas
toda materia transitada, vaciado de imágenes
sobre el cáncer de las horas. Te amo
aunque sólo pueda tocar tu ceniza y te prometo
que no di nombre a las cosas, que no les di duración
ni el cauce de la alegría pude alargarlo
más allá de la mar. Todo lo que hay es lo que queda
de mi sueño, tu tiempo inmemorial repitiendo mis ensa-
yos
mi lágrima de haberte visto durante menos de un día
y los días rechazados con un llanto sin consuelo.
Menos de ti me queda sin despejar los paisajes
donde busco tu copia redimida, tu celofán de ternura
sobre el paseo de mi cabellera arruinada. Los que están
en las salas de espera de los consultorios se te parecen
y se me parecen en la esperanza

my
tears you were born, just as I knew you
cried you and made you with my tears and in the models
  of you
I was populating all possible worlds, all
times were possible for discovering
your eyes, so fair did I see them fixed in the coffin of my
shadow, but your eyes were lost in the sea
and to see them incarnated in me, I released the wind
to shake the darkness, and saw the light claiming you,
  assembling
one by one the bones of you, the clear sheet that day
I laid over you, the flames of the flowers to place
the throb in your chest, with the garland of summer to
  adorn
your waist, for your neck I plucked a stem
of high noon, your hands were brought from the paradise
of doves. Your voice trembled in mine
like a river, all then from the depths of the great depths
of what is neither white nor sea with moans and heat
over the white hot center of the flame, and from the
  center
of the flame the tide of the years, and of the years the glow
of you. I made everything until the longing of everything
split the lure of your mouth to enter your portion
of the night, to give the child the warm flow
of breath, the power of charged
sentences. But now I am no more than the oblivion
of the ashes, at the finitude of your flesh and the decanter
of your bones, over the stones and below the highways
everything in transit, empty of images
over the cancer of the hours. I love you
even though I can only touch your ashes and promise you
to not give a name to things, nor to make them last,
to not take your channel of happiness and stretch it
longer than the sea. All that is is what remains
of my dream, your blessed time repeating my trials
my tears that gave you vision for a few minutes a day
and the days rejected with a sorrow beyond solace.

sobre la voz hilada de los enfermos.
Como ellos moriste esperando la razón, moriste
y no estuve ahí para ver mis ojos cerrándose, ni tu nariz
detenida en su ejercicio de hacer correr el mundo.
Pero en las cabinas oscuras también se me aparece
tu fantasma, y en las cámaras jovencitas se me desnudan
para hacer correr el mundo.
Sólo que sus ensayos se me asemejan a tu rudeza
sencilla, a tu desvelada persistencia en el desnudo
abrazarse a los temblores del júbilo. En pequeñas voces
te escucho, te dan a luz ensayando sus esquemas
más hermosos. Nada de eso es real sobre los ojos del
    tiempo
 la luz de las pantallas está inflamada de sombra, los ojos
frente a la cámara están cegados por la fugacidad.
Rápido siguen muriendo mientras otro ensayo de ti
en la pantalla se desnuda hasta los huesos, como si
todo el mar de lágrimas que lloré por verte, no fuera
sino un lago pequeñísimo en la velocidad
de la conexión. Caen los pantallazos ahora que veo
la pequeña verdad de ese llanto, y el latido enamorado
de las pantallas me revela el destino frente al bosque
de cables donde mueren nuevos y viejos
dioses. Ya no soy sino mi lágrima dañada por las posibles
direcciones de mi vista, el mensaje de texto escrito dentro
de mis ojos, mi lenguaje de lágrimas perdido por
verdadero, los himnos que no alcanzo a descifrar.
Te digo que te amo aunque sólo te vea muerta
aunque tu foto se dibuje frente a mi propio reflejo
coagulado. Te amo aún en la miseria de mi cabina
numerada, y te envío pesados mensajes que no llegan
a tu casilla, tu buzón de voz tiene tu voz y con eso paso
el día, escuchando letras borradas, un teclado sin teclas
que suena por ti detenido. Por eso guardé mi lágrima más
hermosa, pues si no pude darte alegría al menos puede
mi lágrima ver salir el sendero señalado, la razón más
hermosa destituida en la belleza del descanso. Para ti
uardé esa lágrima y de ella la ofrenda que por ti lleva
a otros en la noche, los amados más hermosos de Chile

Without you I remain sightless in the passageways
where I look for your duplicate redemption, your
cellophane of tenderness
over the gateway of my ruined locks. Those who can live
in the waiting rooms of the clinics seem to you
and seem to me to be in hope
of a voice woven from only illness.
Like them, you died hoping for a reason, you died
and I was not there to see my eyes closing, nor your nose
arrested in its task of having to run the world.
But in the dark recesses your ghost
appears to me, and in their cameras young girls undress
    me
to make the running of the world.
Only in your trials did you resemble me in your coarse
simplicity, your sleepless persistence in nakedly
clinging to your trembling joy. I hear your
small voices, they gave you birth to test your
most beautiful schemes. None of this is real before the
    eyes of time
the light of the screens inflamed by shadow, the eyes
before the camera that are blinded for a moment.
Rapidly they keep on dying while other of your trials
on the screen are naked to the bones, as if
all my sea of tears were cried to see you, would never be
without the tiniest gap in the flash of
recognition. The screens fall now so I can see
the little truth of this tear, and the throbbing love
of the screens reveal my destiny before the forest
of cables where the new and the old gods
die. Now I but my tears supplying the layers of the
    possible,
the directions of my vision, the text message written
    inside
my eyes, the language of lost grief for
the truth, the hymns too far off to be deciphered.
I tell you I love you even though I only see your death
although your picture was taken in front of my blurry
    early

que se besen y te sigan y te den las gracias
pues por amor a ti derramé este sendero por el que ellos
corren, después de la muerte, tomados de la mano.

reflection. I love you in the misery of my numbered
room, and I send you weighted messages that never arrive
in your mailbox, your voice mailbox that contains your
   voice and so
the days pass listening to erased messages, a keyboard
   without the key
that will ring for you to stop. Because of this I kept my
   most
beautiful tear, for if I cannot give you joy at least I can
   offer my tear
to see the designated sender, the most beautiful
reason dismissed in the beauty of the rest. For you I kept
this tear and from her the offering that by you leads
to the others in the night, the most beautiful lovers in
   Chile
that kiss and follow you and give you thanks
since for the love of you I spilled this path down which all
others run, toward death, hand in hand.

**PRIMERAS
PIEDRAS DEL SUEÑO**

**FIRST STONES
OF THE DREAM**

SINGLADURAS
Y FUNDACIONES

NAUTICAL DAYS
AND FOUNDATIONS

LA CABEZA DE PEDRO DE VALDIVIA TOMA
POSESIÓN DEL CEMENTERIO

No necesito del cuerpo para augurar las verdades de estas
escenas, traficadas sobre el destello de un sol al fondo
sombrío de una pequeña poza, sólo los dientes
de batallones derrotados por la clerecía, la conquista
que nadie ha de arrebatarme para gloria de mi talle
configurado en los excesos. Al sur le di mi cuenta
pagada como un metal afilado en los huesos
de los reyes, una tiranía absoluta por llegar
a comprender lo de este oscuro remanso, partir para
  llegar
a la puerta de los sepulcros tantos años antes perdido en
  el
tiempo, que no es ni con mucho estar perdido en el
espacio, estar perdido tampoco es abalanzarse sin ánimo
de poblamiento devoto. A Chile le hacía falta este pesar
cargado de naufragios y de inmigrantes, la expresión
de un destino para abrir las venas con sus recodos
estrechos y sus miradas teñidas de deterioros, unos
acordonados sobre un pilote o un callejón
tras una barricada, todos atrincherados en el patio yendo
hacia abajo, pateados hasta escupir la sangre del
continente, empujados a la fuerza a la última embarcación
apolillada en mitad de la pampa, movida por la fuerza
negra de una mediación espontánea, angustiada tal cual
cómo decirlo, hállase el pez fuera del agua
una intoxicación de sentido, una exacerbación
de uno de tus propios elementos, tratando
de explicar con palabras de buena crianza lo que te
significa quedar varado en medio de la planicie, y quedar
con la sensación de haber evitado la vasta apertura
de un cuerpo que tiene nombre y no cabeza, sin boca
ni pronunciar lo que hasta hace poco fue, cómo
hasta hace poco respiró, por dónde entra y sale el oxígeno
de este país, quién dializa la sangre que se coagula
en las calles, quién dice: falta esta cabeza para decir
más palabras, los letreros de carnicerías, los de notarios

THE HEAD OF PEDRO DE VALDIVIA TAKES
POSSESSION OF THE CEMETERY

I do not need a body to foresee the truths of these
scenes, deals over the glitter of a sun at the shaded bottom
of a small well, only the teeth
of battalions defeated by the priests, the conquest
of anyone trying to snatch from me the tally of my glory
configured in my excesses. To the south I proffered my
  account,
paid like sharp metal in the bones
of kings, an absolute tyranny to come
to understand this dark haven which transforms itself
into the door of the graves that all these years have been
lost in time, which is not far from being lost
in space, lost as in hurtling oneself with nothing
living left inside. In Chile we earn our regrets
laden with shipwrecks and immigrants, the true
  expression
of our destiny is to open the veins at their narrow bends,
all vision draped in decay, cordoned-off around a pile or
  alleyway
behind a barricade, everyone entrenched in the courtyard
below, kicked until they spit up the blood
of the continent, fighting with the force of the ultimate
  embarkation,
moth-eaten in the middle of the pampas, moved by the
  black force
of an improvised meditation, anguished even as it's
being spoken, like finding a fish outside of water,
poisoned with meaning, an exacerbation
of one of its own elements, trying to explain
with words of proper breeding that which signifies
standing penniless in the middle of the plain,
with the feeling of having evaded the vast crevasse
of a body which has a name but no head, but no mouth
to pronounce that which happened not so long ago, like
  that
which so recently breathed, where the oxygen enters and

donde legalizar tus fotocopias en blanco, el acta
de nacimiento de este responso que quiere ser sonata
chilena sobre un telón universal, con palabras que se
renuevan y se ven ahorcadas en los árboles enanos
por las podas de los inviernos. Yo podría asumir
que esto se trata de hablar, porque ya las extremidades
no suben al podio de los que las sienten, ni cuando yo
estaba despierto reinaba el viento hacia el sur de la misma
manera, menos cuando miraba mi cuerpo desde ya
cierta distancia, menos ahora que no veo el propósito de
seguir este repaso, de enquistarme en el hielo
sin presunción siquiera de verme traspasado entre los
condenados a la gloria, sin señalar con un puesto
o una cruz, ni por morir entre estos desperdicios
del devenir. Yo podría asumir que de esto se trata, pero
alguien ha perdido la cabeza al dar a luz sombras
y sombras. Un país acorralado se levanta frente
a un camposanto: levanten las manos, todos.

leaves
this country, not so far from the blood
that coagulates in the streets, which says: blame this head
    for speaking
more words, the signs for the butchers, for the notaries
who legalize your blank photocopies, the birth certificate
of this prayer for the dead, that wants to be the Chilean
sonata on a universal stage, with words that are renewed
and are seen hanging from the midget trees
and pruned each winter. I could only assume
that this is the way of speaking, because already the limbs
rise like those that do not sense a thing, as when I awoke
aware of the reigning wind that rose from the South
in the same manner, minus when I saw my body
already a certain distance away, minus now where I do
    not see
the purpose of continuing this speech, which has interned
    me in the ice
without once seeing me pierced through with glory,
    without
offering me a position to stand on, a cross to lean on, nor
    the chance
to die among the wastes of the future. I can only assume
    that this is how it goes, but
someone has lost my head and given it a light that grows
    darker
and darker. A cornered country that rises up before me
as a churchyard: raise your hands, all of you.

ANTONIO PIGAFETTA DESCRIBE EL NACIMIEN-
TO DE LOS PRIMEROS SEPULCROS
—TRANSCRIPCIÓN—

Habíamos fondeado en mala hora en ese puerto, y
desde entonces los capitanes comenzaron a hablar
en lenguas muertas, y hubo complot para asesinar a
nuestro capitán, pero descuartizamos a uno y apuñalamos
a otro antes del amanecer de la noche del 10 de
septiembre de mil quinientos (ilegible), y desde el lugar
    en que
se hallaban fueron capaces, a las seis de la mañana del día
siguiente, de iniciar la sublevación desde el Puerto
    innominado
aún (ilegible), y en cinco horas abrir línea de ataque
sobre "La Trinidad", que a esas alturas ya se encontraba
perdida del todo. Al tiempo que éramos atacados, nos
enterábamos que la nave "Santiago" naufragaba
frente a una gran muralla blanca, y que el mar arrojaba
ola tras ola los restos de la embarcación y las mercaderías
a la playa. Entonces durante algún tiempo les enviábamos
alimento, y la distancia era de cien millones de años, y
el camino muy espinoso a causa de la maleza, y no
    bebíamos
sino el hielo que cortaba nuestras gargantas, y al vernos
derrotados ya hablábamos y decíamos *no nos hallamos
    tan mal
en este puerto*, y comíamos pájaros que corrían
como avestruces, conejos más diminutos
que nuestros gorriones. Tuvimos por todo remedio
 quemar nuestras naves frente a la gran muralla (ilegible)
y entonces de lo alto de la muralla comenzaron a arrojar
los restos de unos sujetos del todo (ilegible)
cuyas tripas semejaban una bandera (ilegible)
y cuyos huesos dibujaban unos nombres
que no supe descifrar. Mientras caían los (ilegible)
frente a nosotros, se comenzaron a abrir los primeros
sepulcros, las primeras islas y grandes (ilegible) con
    forma

ANTONIO PIGAFETTA DESCRIBES
THE BIRTH OF THE FIRST GRAVES
—TRANSCRIPTION—

We dropped anchor into the dark hour of this port, and
ever since then the captains began to speak
in dead languages, and there were plots to assassinate
our captain, but we tore through the first and drove a
    knife
through the other before dawn on the night of the 10th of
September of fifteen hundred (illegible), and from that
    place where
it was most possible, at six in the morning of the
    following
day, at the start of the uprising, from that Port, ignoble
yet (illegible), in five hours they opened a line of attack
upon "La Trinidad," and from such heights already found
    itself
lost amongst it all. At the time of the attack, we
found out about the vessel "Santiago," shipwrecked
before a great white embankment, with the sea hurling
wave after wave over the remains of the ship and its
    merchandise
shoreward. Then after some time we sent them
food, and the distance was one hundred million years,
    and
the road very thorny because of the thickets, and we
    drank
nothing but the ice that cut our throats, and but upon
    seeing
ourselves defeated yet still speaking, we said,
*no we are not so badly
off in this port*, and we ate birds that ran
like ostriches, rabbits much smaller
than our sparrows. Our only remedy was to
burn our ships before that grand wall (illegible)
and then from the top of the wall they began to emit
the remains of a few subjects completely (illegible)
whose guts resembled a flag (illegible)

de anfiteatro, iluminados por un rayo y un grupo
de estrellas que (ilegible) sobre el Estrecho.
Desde entonces (ilegible) *es donde habitan los caníbales, es
decir los que comen carne humana*
(cinco líneas ilegibles)

and whose bones were arranged into names
that no one could decipher. While they fell, the (illegible)
in front of us, they began to open the first
graves, the first islands and huge (illegible) that formed
an amphitheater, illuminated by one ray of light and a
   group
of stars that (illegible) over the Strait.
Since then (illegible) *inhabited by the cannibals, that is
by those who consume human flesh*
(five lines illegible)

**NOTIFICACIÓN Y JURAMENTO DE SARMIENTO,
QUE VUELVE A PUERTO DE HAMBRE A
"GUARDAR ESTOS REYNOS ANTES
QUE LOS ENEMIGOS LOS TOMEN:"
EN LO PROFUNDO DE LA
PALABRA HABITA**

el nombre de un dios del que soy parte
una cruz silenciosa, una tumba
una penumbra, una jornada perpetua.

Yo habitaré esa palabra, refugio
en gracia del dios que echa mi suerte
sobre la página dura de la nieve
manchada con la sangre de mi nombre.

Ácida hoz de la mañana
enciéndeme, soy tu orilla oscura
violentos temporales me traspasan
la boca fría con angustia.

Yo hundiré mi escasa dicha en tus olas humanamente
abriéndote los brazos
para llevar mi alma hasta el acento
que destruido entre las rocas, me llama.

**DECLARATION AND OATH OF SARMIENTO,
WHO RETURNS TO PUERTO DE HAMBRE TO
"GUARD THESE KINGSDOMS BEFORE
OUR ENEMIES TAKE THEM":
IN THE DEPTHS OF THE
LIVING WORD**

the name of a God of which I am a part
a silent cross, a tomb
a semi-darkness, a never-ending lifetime.

I will live in that word, that refuge
in the grace of God who casts my fate
across the stiff page of snow
stained with the blood of my name.

Acidic sickle of the morning
ignite me, I am your dark shore.
Violent seasons pass through me,
my mouth cold with anguish.

I will drown my scant fortune in your waves
so lovingly opening your arms
to carry my soul to the sharpened voice
that broken between the rocks calls me.

COMO UN NOMBRE ECHADOSOBRE EL AGUA
para Sarmiento

como un pájaro halló tierra tras el aire
dejando el frío arar sobre su frente
o como el paso tembloroso de una estrella
hundida de improviso ante estos ojos
así auguro un funeral que aún hoy canta
una nota submarina, para otro
será el día desnudo, para otro
la boca de la espuma y su galope
y el sol que corta las alas a las olas.
Preferiría entonces no haber enfrentado
la desgracia que vestía este ropaje
ni su insomnio en la orilla de la noche
ni su altura de vigía sin ojo ni horizonte.
Porque en corrientes, acantilados y vientos
en arrecifes, islas, tierras, ríos, puertos
ensenadas, ancones, y bahías
enfrenté el espíritu dueño de los miedos
con su injuriosa ola prendida a mi garganta mostrando el
acento de su nombre y esperando
por mí en el fondo de las aguas.
Nada alegre había en la alegría, ni Esperanza
como todo destino, el nuestro iluminaba
los cabellos de la muerte, la bandera
de su espada, respirando el mismo aire
de su boca, el réquiem que este Estrecho
aún escribe en sus cuadernos.
Oscura, entonces, se mecía la conciencia
y el deseo del navío bajo fuegos eternos
y cuando a veces, extasiado en el viaje
oía el golpe de una vieja palabra
y una ola era un ramo de raíces
yo creía en la gloria de la patria desgranada.
Mas oía el verdadero nombre de las olas
y era escarpada la agonía, el deletreo.
¿Qué más? ¿qué significaba, entonces, la derrota?
¿qué, ese movimiento

LIKE A NAME CAST OVER THE WATER
for Sarmiento

like a bird who found land behind the air
letting the cold plow its forehead
or like the trembling passage of a star
plunging its wild improvisation before these eyes,
here I conjure a funeral that even today sings
its subterranean note, that for another
will be a naked day, and for another
the mouth of the sea spume and its gallop
and the sun that slices out each wing from the waves.
I might have preferred then to not have to face
the disgrace that wore these robes
nor its insomnia along the shore of each night
nor its heights of vigil without eyes or horizon.
Because in currents, cliffs and winds,
in reefs and islands, lands and rivers, ports,
inlets, coves and bays
before the spirit who spawned and owns these fears
with its odious wave that each time catches in my throat
as it lays out the accents of its name and its longing
for me in the depths of the waters.
There was no happiness in happiness, nor in my
    Esperanza
with all its destinations, as it illuminated
the long hair of death, in the banner
of its sword, breathing the same air
through its mouth, the requiem for this Strait
still being written in its notebooks.
Dark, then, the rocking of conscience,
and the desire of this ship before the eternal flames
and when at times, in the midst of the voyage
is heard the blow of an ancient word
and the wave that was a branch of the roots
of all I believed in, in the glory of the harvested land.
And again I heard the true name of the waves
and it was the cliff of agony, of the deciphering.
What more? What significance, then, this course

la luz perversa de la que nadie se deshizo?
¿qué mano escondida trazaba el derrotero? ¿qué alianza
con el sol, qué instrumento
dominaba las estrellas para pagar tan altamente
el costo de fondear en este puerto?

of destruction?
What, this movement
of perverse light which no one has untied?
What hidden hand designed this navigation? What alliance
with the sun, what instrumentation
overpowered the stars to pay so dearly
the cost of landing in this port?

LOS OJOS, DIMINUTOS MUNDOS, MIRADAS

empequeñecidas, arrimadas a la proa de la Esperanza
tristes, de ola en ola, de corriente en corriente
y de viento único y única muerte
en una lámpara oscura, una sal que todo devoraba
un vacío que dejaba su oquedad en las almas
una pluma agrietando el corazón, entrando
como un cuchillo, breve y silencioso
hacia dentro, hacia lo oscuro
donde caía todo, todo, envuelto en llamas
haciendo ríos, olas de la sangre
llevando el curso de lo ciego, lo inmolado
establecido, hasta la copa de la muerte
donde afluentes éramos, unos y otros
bebidos sorbo a sorbo.

THE EYES, DIMINUTIVE WORLDS, LOOK

dwarfed, narrowing in on the prow of the Esperanza
sad, wave after wave, current over current
and the winds, one after the other dying
in that obscure light, a salt that swallows everything,
a void that leaves its cavity in the souls
a pen to crack open the heart entering
briefly and silently like a knife
toward the inside, toward the dark
where everything falls, everything, wrapped up in flames
that form rivers, waves of the blood
in their blind courses, the established
sacrifice, all the way to the cup of death
where, like tributaries, we are
swallowed one by one.

HEREDÉ DEL MAR
LA SUMA DE SU REINADO

y salobres fueron los ríos en su destino
lo que la roja corriente abandonó en la orilla
en su forma anclada y sonámbula, fue mío.
Por eso vine a estas caras latitudes
a esta angostura del agua y de lo cierto
para encontrar árboles heridos y fuegos materiales
aire inclinado al paso de las ráfagas
a la carrera luminosa de estrellas hundidas
en el sordo río de la noche:
palma extendida no sin dificultad
turbia constitución de maderas y coirones y piedras
como una oscura espuma endurecida en la tormenta
o el despojo de un sol agotado y casi ciego.
No llegué a amar la parquedad de estas alforjas
no vine a dar fuego a mi falla ante las piedras
ni rechacé su aurora desenterrada y agonizante
pero abrí un galope que perdura hasta entrar
al vientre de los barcos con su espuma vertiginosa.
No llegué a amar la parquedad de estas alforjas
mas planté mi nombre entre sus piedras
en toda medida, en toda fragua arrebatando
para mí el crédito de sus rachas:
no sembré desdicha para volver negando
la pasión de aquellos días
el manantial no vidente ni la ciudad fortificada.
No dejé aquí un hato de sangre
para quedarme entre rejas, pudiendo ahogarme
con el ácido bordón y la corriente despiadada.
Por eso volví a estas horas sin barco y sin leyenda
sin ejército, ni sombra, ni pie, ni bandera
llevando en estas sobras, ensangrentado, el rictus rojo
de la vergüenza
parte ya de ventiscas y acantilados.
Por eso volví a estas horas
transparentemente solo
para hundirme, como un viejo almirante

I INHERITED FROM THE SEA
THE SUM OF ITS REIGN

and salt where spun the rivers of its fate
that which the red current abandoned on the shore
that which in a form anchored and somnolent become
    mine.
For this I came to these costly latitudes
to this strip of water and truth
to find the icy trees and living fires
air inclined to pass in bursts
on the luminous ladder of drowned stars
in the deaf river of the night:
palm extended with no small measure
some hazy constitution of wood, plant and stone
like an obscure spume hardened into torment
or the disrobing of an exhausted, nearly blind sun.
I did not come to love these sparse provisions,
I did not come to feed fire to my flaws before the stones
nor to push back the unearthed and agonizing dawn
but I broke into a gallop that lasted till I entered
the belly of the ships with their vertiginous spumes.
I didn't come to love these sparse provisions
but planted my name within the stones
with due deliberation, in every forge snatching
for myself the credit of their spells:
I did not sow misfortune to turn sour
the passion for those days
the blind spring or the fortified city.
I did not leave here a ranch of blood
to keep myself behind spikes, to drown myself
in the sour phrase and the merciless current.
For this I returned in these hours without ship and
    without inscription
without armies, shadows, feet or flag
carrying these remnants, bleeding, the red grimace of
    shame,
forever a part now of the snowstorm and the cliff.
For this I returned in these hours

con su viejo barco terrestre.

so transparently alone
to drown myself, like an old admiral,
with his ancient earthly ship.

NO FUE ESTE BOSQUE
EL HERIDO SINO SU SIEN

sino su alma heredada, hija del naufragio
de la mañana y de la noche, enamorada, al unísono
donde ahora entro rodeado de la respiración
de lengas y liebres oscuras y palpitantes
rodeado de *barbas de viejo* enrareciendo
las fauces de estas ramas sin quijadas ni bocas
enrareciendo el aire de este Puerto de piedra
derrumbada, que de mí
hace piedra derrumbada.
Viejo panegírico anclado en la veleta de los
sueños, morada última del crepúsculo y el
granizo, entro en ti volcando mi raíz y despojado
de vestiduras, semilla y polvo, desperdicio de verdad
trueno de la memoria, hondo suspiro desgarrado
en el templo de la desgracia.
¿No fue aquí donde fuimos encomendados
guardad estos reynos contra nuestros enemigos?
¿No fue aquí donde halló la miseria lujoso pañuelo
que calzar en su frente siempre sedienta ?
Aquí encontré un rebaño de huesos balando
culpando los arcabuces del hambre y de la noche
el caiquén devorado y la gaviota
el trueno, herido de muerte, de rayos y de cóndores.
Todos, todos pasaron por este Puerto
dejando sílabas graves, el tilde invisible
de la palabra muerte.
Aquí los encontré, aquí
toqué la madera para entrar en su secreto
y había madera pues aún hería la fría constitución
de los huesos, aún se lloraba a los pies de lámparas
apagadas, de yelmos ahuecados, y secos y terrestres
bramidos, aún hería el pétalo sanguinolento, la rosa
húmeda que echaba su raíz, su espina a la huesa.
Hay pedazos de polvo en este Puerto
y hoy la visión no es sino un día, un naufragio
una palabra calcinada:

THIS WAS NOT HIS WOUNDED
FOREST BUT HIS TEMPLE

but his inherited soul, shipwrecked daughter
of day and night, in love, in unison
where now I enter surrounded by the breathing
of tongues and hares dark and palpitating
surrounded by *the old beards* purifying
the guts of these branches without jaws or mouths
purifying the air of this Port of crumbling
stone, that from me
makes crumbling stone.
Ancient pronouncements anchored in floating
dreams, the darkest house of twilight and
hail, I ground my root in your overthrow
and divested of clothing, of seeds and dust, scattered by
   the sharp
thunderclap of memory, the deep breath torn
in the temple of disgrace.
Was it not here that we were entrusted
to guard these our kingdoms from our enemies?
Was it not here where misery's luxurious scarf
conjoins so well with your always thirsting forehead?
Here I found a herd of bleating bones
blaming the harquebuses of hunger and night
the devouring goose and the seagull
the thunder, mortally wounded, by sun rays and condors.
Everyone, everyone passed by this Port,
leaving these grave syllables, this invisible accent
on the word death.
Here I found them, here
I touched the wood to enter the secret
and there was timber to further wound the cold
   constitution
of bones still weeping at the feet of the extinguished
lamps, the hollowed out helmets, the dry and terrestrial
howling, further wounding the bleeding petal, the damp
   rose
that cast its roots, its thorn to the grave.

años de derrumbe con largas túnicas
inclinados, derramando
su santo olvido sobre las frentes.

There are scraps of dust in this Port
and today vision is no more than a day, a shipwreck
a burning word:
years that crumble with long draping
robes, spilling
their sacred oblivion over our foreheads.

YA PRENDÍ FUEGO A LA NAVE YA MUERTOS

dardos conjurados de la reminiscencia
es así la aparición de vuestra errata
vuestro estigma malamente encarnado
desde cubiertas purpúreas, desde velas
henchidas por el vaho de la muerte.
Son ahora ustedes el desvarío de la tarde
la locura del oxígeno escribiendo aprisa
inmóvil al paso de sus cabelleras que no cesan
de crecer, de sus uñas
humanamente oscuros y silenciosos
como grietas dilatando
el vacío en su vacío.
Y suyo es esto, que arrojo a las llamas
y suya la copa en que de mí
toman venganza.
Ya prendí fuego a la nave, y cerrojos
Oh muertos, por dentro
doy a su puerta de tierra.

NOW I SET FIRE TO THE SHIP ALREADY DEAD

tiny spikes conjured from memory
are here the apparition of your error
your stigmata so deeply incarnate
below your purple robes, from sails
filled with the breath of the dead.
You are now the delirium of the evening
the madness of oxygen writing so quickly
immobilly passing through your hair that doesn't
cease growing, through your nails
so humanly dark and silent
like crevasses expanding
their vacuum in your vacuum.
And this is yours, which I throw to the flames
yours the cup inside me by which you take
your revenge.
Now I set fire to the ship and latch the door.
Oh Dead, there on the inside,
I give you a door into the earth.

PRIMEROS
MORADORES
REGISTROS ANTROPOLÓGICOS

THE FIRST
DEAD IN THE
ANTHROPOLOGICAL REGISTERY

DOS NIÑOS FOSA
ÚLTIMA ESPERANZA

Se consignan con certeza dos sepulturas de niños nacidos muertos. El más joven de meses in útero, el segundo muerto durante o antes del parto.

PALABRAS CLAVES: indios canoeros, sepultura, prácticas funerarias, nacido muerto, Última Esperanza.

— Los restos recogidos en 1990 estaban sobre un terraplén, lejos de la costa, sobre el sector estancia "Ana María."
— Eran huesos dispersos sin conexión ni organizados, mez clados con la tierra removida.
— Es probable que en la primera visita, los pequeños huma-nos no fueran identificados como tales.
— Los restos se componen de 76 piezas de todas partes del cuerpo. Ningún diente fue repertoriado.
— Para mejor comprensión: cada pieza según su pertenencia: individuo A el mayor, B el menor.
— B es el menos representado: 21 piezas en total, 12 elemen-tos de cabeza, 6 de huesos largos, sobre todo de partes superiores del cuerpo.
— El individuo A está formado por un total de 55 piezas.
— Los huesos no tienen nada de especial.

THE GRAVE OF TWO CHILDREN,
ÚLTIMA ESPERANZA

They recorded with certainty two graves of stillborn children. The youngest months old in the womb, the second dead during or before labor.

KEY WORDS: Indian Canoeists, burial, funeral practices, stillbirth, Última Esperanza.

— The rest recovered in 1990 were along an embankment, far from the coast, on the farm "Ana María."
— The bones were scattered without connection nor organization, mixed with the stirred earth.
— It is likely that at first sight, the small humans were not recognized as such.
— The rest compose 76 pieces from every part of the body. Not a single tooth was reported.
— For clearer description: every piece was laid out according to its owner: individual A the older, B the younger.
— B is the least represented: 21 pieces total, 12 parts of the head, 6 large bones, all from the upper body.
— Individual A is formed from a total of 55 pieces.
— The bones show nothing special.

RESTOS ÓSEOS HUMANOS
FOSA ISLA KARUKINKA

— Los restos se encontraron en una cueva rocosa oculta por un bosque de canelos y leña dura, 15 metros sobre el nivel del mar.
— En la superficie y dispersos, algunos restos estaban cubier-tos por sedimentos o trozos desprendidos del techo, otros también dispersos al exterior de la caverna.
— Huesos y otros elementos fueron removidos una vez realizado un croquis, y después de fotografiados y fil-mados en video.
— Se evitó al máximo la manipulación de estos restos. Se re-movieron con herramientas aquellos que conserva-ban tejido y fragmentos de cuero.
— Todos los huesos se examinaron buscando enfermeda-des.
— Del brazo de un niño se extrajo tejido momificado.
— El detalle a continuación conserva las agrupaciones del rescate.

INVENTARIO DE LOS RESTOS ÓSEOS HUMANOS
FOSA ISLA KARUKINKA

Bolsa 75
Costilla izquierda, individuo joven 16 a 17 años, bien con-servada; vértebras lumbares completas bien conservadas, vértebras to-rácicas bien conservadas, probablemente del mismo individuo.

Bolsa 87
Mandíbula semi completa, molares con leve desgaste.

Bolsa 88
Primera vértebra lumbar completa, cuarta vértebra lumbar completa.

Bolsa 75
Novena y décima vértebra torácicas, primera vértebra torá-

HUMAN SKELETAL REMAINS,
A GRAVE ON ISLA KARUKINKA

— They found the rest in a rocky cave hidden by a forest of cinnamon trees and petrified firewood, 15 meters above sea level.
— Surfaced and dispersed, some remains were covered by sediments or generous bits of roof, other also scattered outside of the cavern.
— Bones and other elements were once removed, sketched, and later photographed and filmed.
— They avoided tampering with the remains. They removed them with tools that kept tissue and fragments of the skin.
— They examined all of the bones for signs of illness.
— From the arm of a child they extracted mummified tissue.
— The details that follow record the groupings from the excavation.

INVENTORY OF HUMAN SKELETAL REMAINS A
GRAVE ON ISLA KARUKINKA

Bag 75
Right rib, young individual 16 to 17 years of age, well preserved; complete lumbar vertebrae well preserved, thoracic vertebrae well preserved, likely from the same individual.

Bag 87
Semi-complete mandible, molars with minor wear.

Bag 88
First lumbar vertebra, complete, fourth lumbar vertebra, complete.

Bag 75
Ninetieth and tenth thoracic vertebra, first thoracic vertebra,

cica completa. Siete costillas izquierdas de un mismo sujeto.

Bolsa s/n
Fémur derecho erosionado, fémur izquierdo con regiones destruidas.

Bolsa 77
3ª, 5ª, 6ª y 10ª costillas izquierdas, 6ª costilla derecha, niño de 6 años.

Bolsa 79
Sacro completo erosionado en el promontorio. Tibia derecha bien conservada. Húmero izquierdo (grácil), quinta costilla izquierda de mujer.

Bolsa s/n
Húmero izquierdo de niño. Fémur derecho de niño. Restos de mano de niño, articulados.

complete. Seven left ribs from the same subject.

Bag, Unnumbered
Right femur, eroded, left femur with ruined regions.

Bag 77
3rd, 5th, 6th, and 10th left ribs, 6th right rib, child of 6 years.

Bag 79
Sacrum, complete, eroded in the promontory region. Right tibia, well preserved. Left humerus (slender), fifth left rib from a woman.

Bag, Unnumbered
Left humerus from a child. Right femur from a child. The rest from a child's hand, jointed, fully articulated.

NIÑOS CANOEROS FOSA ABRIGO PINTADO

Se da cuenta de enterratorio de niños de la etnia kaweskar. Sector del cementerio: Costa del Fiordo de Última Esperanza. También de la primera manifestación de arte rupestre de los canoeros de la Patagonia.

LOS HECHOS

— En 1989 pobladores de Última Esperanza informaron de una cueva en que encontraron un "conjunto de cosas de indios."
— La cueva es en realidad un simple alero rocoso en la costa norte de la península Antonio Varas.
— El fondo del alero está cubierto de pinturas rojas hasta una altura de dos metros.
— Sobre los escombros situados delante, aparecieron los huesos de dos niños arrojados por los que descubrieron la cueva.
— Es posible que una buena cantidad de huesos hayan sido arrojados hacia la abrupta pendiente delante del abrigo, y que muchos de esos huesos aún se encuentren dispersos entre las rocas.

CHILD CANOEIST GRAVE, PAINTED SHELTER

Uncovered the Indian burial ground of children of the ethnic group Kaweskar.
Sector of the cemetery: Costa del Fiordo de Última Esperanza.
Also the first manifestation of rock art from the Canoeists of Patagonia.

THE FACTS

— In 1989 people from Última Esperanza told about finding in a cave a gathering of Indian items.
— The cave, in reality, is more like a rocky outcrop on the northern part of the peninsula Antonio Varas.
— The base of the outcrop was covered with red drawings as high up as two meters.
— On top of the debris gathered to the front, there appeared the bones of two children thrown to the side by those who discovered the cave.
— It's possible that a good quantity of these bones had been thrown toward the abrupt slope of the overhang and that many of them are still dispersed there among the rocks.

THE SECTOR OF COMMON GRAVES

PISAGUA GRAVE

Found via denunciation of a crime of burial. Found Bodies: seven of the detained—disappeared; twelve executed; two or three persons: without name.

NOTE:
Bag 20:
Institute of Forensic Medicine. Pending.

CALAMA GRAVE

Clandestine grave. Section for the remains and indeterminate numbers of persons.
It is certain that hidden here were twenty-six bodies murdered, buried and exhumed later.
Identified: one. The rest are pending.

LA LIGUA GRAVE

1

Approaching the sector for Puente La Ballena. The human remains given up as unknown.
Ages of the deaths: from 9 – 14 years. In process of being identified.

2

Institute of Forensic Medicine: remains of a man, 45 to 48 years old; 1.78 to 1.80 meters. Hair
reddish brown, fractured cranium. Cause of death undetermined. Returned to the
Judicial authority of La Ligua.

FOSAS PAINE

Constatación: En Instituto Médico Legal. Restos: catorce personas inhumadas. Sector cementerio: Cuesta de Chada. Hallazgo 16 años antes.
Antecedentes: trece detenidos—desaparecidos; un ejecutado.
Sector cementerio: Huelquén. Fueron sépultos.

FOSA CONSTITUCION

1

Restos de, al menos, ocho personas. Se estableció existencia de exhumación anterior. Osamentas sin identificación.

2

Osamentas de dos mujeres y tres hombres. Causa de muerte indeterminada. Enviadas de regreso al Juzgado del Crimen de Constitución.
Acompañaban los restos una vaina de proyectil, una moneda de un peso.

FOSA CHIHUÍO

Por denuncia de inhumación y exhumación. Comprobado: restos de dieciocho asesinados, inhumados y exhumados ile-galmente. Llevados a destino desconocido.

PAINE GRAVE

Verification: in the Institute of Forensic Medicine. Remains: fourteen persons buried. Sector of the cemetery: The Hill of Chada.
Discovered 14 years ago.
Pending: thirteen detained—disappeared; one executed.
Sector of the cemetery: Huelquén. They were hidden away.

CONSTITUCION GRAVE

1

Remains of at least eight persons. Existence of previous exhumation established. Skeletons without identification.

2

Skeletons of two women and three men. Cause of death indeterminate. Sent back to the Criminal Jurisdiction of Constitución.
Accompanying the remains is a shell of a missile, and one peso coin.

CHIHUÍO GRAVE

For the legal process of burial and exhumation. Verified the remains of eighteen killed, buried and exhumed illegally. Taken to an unknown destination.

CRÓNICAS DE
PACIFICACIÓN DEL
CEMENTERIO

CHRONICLES OF
THE PACIFICATION
OF THE CEMETERY

FUERTE BULNES

Extracto de Nota—Diario La Prensa Austral, enero de 2004

Fuerte Bulnes
60 kilómetros
al sur de Punta Arenas
está ubicado en el área
que recibió el colonizador español
—Bahía Mansa—y, siglos después
la ocupación de nuestro país
a través de la toma de posesión
en la punta Santa Ana.

La queja más frecuente
de los turistas nacionales
y extranjeros que lo visitan
es la falta de información.

No hay material escrito
disponible. La señalética
que alguna vez existió
en pedestales ubicados
al interior del fuerte
fue arrancada de raíz.

En el acceso principal
a la puntilla
no se ha repuesto
la pasarela del pórtico
que marcaba el ingreso
a la punta geográfica.

Falta un museo
que muestre a los visitantes
el significado del lugar.

Las construcciones de madera siguen vacías.
La gente abre las puertas
encuentra nada.

FUERTE BULNES

Extracted notes—La Prensa Austral Daily, January of 2004

Fuerte Bulnes
60 kilometers
south of Punta Arenas
was the first place in the area
to receive the Spanish colonizer,
Bahía Mansa, and centuries later
the occupation of our country
through taking possession
of the promontory Santa Ana.

The most frequent complaint
from tourists both native
and foreign who visit here
is the lack of information.

No written material
is available. The signage
that once existed
on pedestals placed
in the interior of the Fort
have been torn out by their roots.

On the principal route of access
they have not replaced
the gateway to the portico
that marked the entry
to this geographical point.

It lacks a museum
to show visitors
the significance of what is here.

The wooden structures are vacuous.
People open doors
to find nothing.

De ahí que surgen ideas
como—por ejemplo—
la que entregó una persona
de poner maniquíes
vestidos a la usanza de la época
de los colonos que llegaron a este lugar.

Lo que vale la pena resaltar
es la limpieza.

Actualmente la administración
la tiene el municipio de Punta Arenas
y se nota el esfuerzo
por mantener aseado el lugar.

Por estos días, incluso
 llegó una cuadrilla municipal
a cortar el pasto.

Some suggestions have emerged
like—for instance—
to have someone
turn on mannequins
dressed in the usual manner
of the colonists who arrived here.

What is worth noting
is how clean it all is.

The actual administration of the fort
is held by the municipality of Punta Arenas
and their effort to keep the place
spotless is noteworthy.

These days that entails
sending out the maintenance crew
every so often to cut the grass.

LA ESPADA ROTA

Condénase al reo Cambiaso
a ser degradado, fusilado i descuartizado
a hachazos en sitio público
como autor de sedición a mano
armada, homicidios reiterados
 robo i piratería
incendio i asalto.

En la justicia del acto
mandará al tambor el Mayor
que toque un redoble largo.

El fiscal con voz comprensible
dirá esta espada que ceñisteis
por el honor que la nación
os hizo ante al enemigo
i por las leyes será rota
por la fealdad de vuestro delito
 por escarmiento a quien no obedece
a consigna del deber.

La mandaré arrojar (rompiendo
a espada) vean de ejemplo
i testimonio que habéis mancillado
vuestra investidura militar.

A continuación se despojará
al reo de su uniforme
desprendiendo violentamente
presillas i botones.

Con el ajusticiado vestido
con una túnica blanca
se cumplirá la sentencia.

THE BROKEN SWORD

We condemn him, the defendant Cambiaso
to be degraded, shot and dismembered
with an axe in a public place
as the perpetrator of armed sedition,
homicide, repeated
thefts and piracy
arson and assault.

To reinforce the justice of this act
out will come the Major
to play a long drum roll.

The prosecutor with clear voice
will announce that this sword
you wore for the honor of the nation
and forged to fight the enemy
by the law will be broken
for the hideousness of your crime
and the punishment of one who would not
obey the laws of the land.

We will order it thrown (breaking
the sword) making an example
and a testimony that you have stained
your honored rank.

And furthermore we will strip
this offender of his uniform,
violently shorn of its
badges and buttons.

With this fitting dress
of a bare tunic
he will receive his sentence.

NOTA:
Sentencia dictada contra José Miguel Cambiaso,
líder del sangriento motín que lleva
su nombre, ocurrido en la Colonia de Magallanes
en 1851.

NOTE:
The sentence dictated for José Miguel Cambiaso
leader of the bloody uprising that bears
his name, occurring in the colonies of Magallenes
in 1851.

RELATO DE MARÍA PITTET: FUSILAMIENTO DE LOS ARTILLEROS

Eran las 2 de la tarde cuando soldados entraron en calle Colón. Todo silencio el impensado sepulcro, toda piedad, ya sin rencor los que esperábamos a los amotinados.

Llegaron pesados los 56, con ruido, con cadenas, con grillos, con un santo capellán por delante, con el saludo de la muerte por delante. Cerraba el cortejo fúnebre el pelotón de los fusileros.

Vestían pantalón oscuro, iban en mangas de camisa, la cabeza descubierta.

De oriente a poniente se abría un metro y un poste por sentenciado, dos pañuelos cruzados y la cuna de los despojos: el ataúd, al pie.

Cara a cara se sentaron los reos con el sur. Un pañuelo les sentenció sus vistas, el otro les condenó las manos. En segundos volvieron por ellos los años.

Sentimos la voz de mando y una descarga cerrada.

Los cuerpos se desplomaron en distintas posturas.

Otra andanada fue necesaria
para el corneta que aún daba
señales de vida.

THE ACCOUNT OF MARÍA PITTET: THE EXECUTION BY FIRING SQUAD OF THE ARTILLERY CREW

It was 2:00 in the afternoon when the soldiers entered the street of Colón. We were all silent in that unexpected grave, draped in total piety, now without resentment awaiting the rebels.

They arrived so solemnly, those 56, with the noise of chains and shackles, with a holy chaplain leading the way, with the blessing of the dead leading the way. And following, the funeral procession the platoon of the fusiliers.

They were dressed in dark trousers, in shirt sleeves, their heads uncovered.

From the east to the west side they opened a passageway and set a post for the sentenced, two crossed scarves and a pallet for the remains: the coffin at their feet.

One by one they lined up the culprits to the south. A handkerchief sentenced their gazes, another condemning their hands. In seconds they lived again all their years.

We felt the voice of the command and the final discharge.

The bodies collapsed in their distinct postures.

And another blast was needed
for the bugler who was still showing
signs of life.

NOTA:
*Motín de los artilleros, Punta Arenas,
noviembre de 1877. Saldo: 40 pobladores
muertos y 16 heridos*

NOTE:
*Revolt of the artillerymen, Punta Arenas,
November of 1877. Final tally: 40 colonists
dead and 16 wounded.*

CRÓNICA TESTIMONIAL
DE MIL NUEVE TRECE:
APARICIÓN Y DESAPARICIÓN
DEL MALBOROUGH

Por esa época, yo, mil nueve trece
andaba de embarcado en el Johnston.

Íbamos a la cuadra por aguas del Estrecho tranquilas
aguas las aguas del Estrecho
cuando tocamos la dura sombra
de aquella vieja armadura.

Un esqueleto al timón, había
tres esqueletos más en el pañol
diez más de eso en dormitorios de tripulantes
seis en el viejo puente de mando.

En la proa, bastante deteriorada
los que leían, leían Malbourough.

Yo no sé, mas después de algunas horas
se levantó un temporal como no he visto
que arrojó al buque entre las rocas
hundiendo al buque entre las rocas
marcándome año entre las rocas.

Después supimos que
veintitrés antes de mí
el Malborough
había zarpado de Nueva Zelandia:

Ah, Littleton, enero de 1890
rumbo a Glasgow! bajo el mando
de—uno de esos esqueletos
del esqueleto—Hird.

Veintitrés tripulantes tuvo el Malborough
y ocho pasajeros

CHRONICALED TESTIMONY
OF THE YEAR 1913:
APPEARANCE AND DISAPPEARANCE
OF THE MALBOROUGH

By that time, I, the year of our Lord 1913,
was heading out to embark on the Johnston.

We were walking toward the square along waters of the
 Strait,
the calm waters, the waters of the Strait
when we touched the immortal shadow
of that old bulwark.

A skeleton stood at the helm,
and three more skeletons in the storeroom
ten more of those in the crewmen's dormitories
six in the old command bridge.

In the prow, deteriorated enough,
from what could be read, read Malborough.

I don't know how long but some hours later
there rose up a storm like nothing I have seen
that tossed the ship between the rocks
sinking the ship between the rocks
marking me that year between the rocks.

Later we found out that
twenty-three years before,
the Malborough
had set sail from New Zealand:

Ah, Littleton! In January of 1890
heading to Glasgow under the command
of one of those skeletons,
the skeleton Hird.

The Malborough took twenty-three crewmen

y en sus bodegas un cargamento de lanas.

and eight passengers
and in their holds a load of wool.

CRÓNICA DE OSVALDO WEGMANN: EXCAVACIONES EN NUESTRA DERRUIDA SEÑORA ENCARNACIÓN

Veiga dijo que estaba al norte y no al sur
como decían los mapas.
Emperaire sólo siguió su teoría
sólo invitó a una excursión en terreno
que conocía bien, por divertirse
fueron dos estudiantes
que hicieron uso de la pala.

Después de hurguetear la bahía y los pastizales
dimos con un montículo raro.
Y ahí estaba: el respaldo:
Nuestra Señora de la Encarnación.

Emperaire pensó que si esa era la iglesia
a su alrededor estaría el cementerio.

Cavamos una zanja profunda: se extrajeron nueve esqueletos.

Emperaire supuso edad y sexo
les puso nombre:
Joaquín, Jesús, Eugenio:

Uno había ajusticiado
—con las manos atadas tras la nuca—.
Había otro decapitado
—no pudimos dar con la cabeza—.

Se notaban los huesecillos
en el vientre de una embarazada.
Los demás, en estado normal:
al libre aire después de cuatro centurias.

Emperaire apuntaba para un informe arqueológico.
Yo tomaba datos para "El camino del Hambre."

ACCOUNT OF OSVALDO WEGMANN: THE EXCAVATION OF OUR LADY OF THE INCARNATION IN RUINS

Veiga said that it was toward the north and not the south
as it says on the maps.
Emperaire, following only his theory,
proposed an excursion into a territory
he knew well, and for fun
brought two students along
who would be useful in the digging.

After prying around the bay and the grasslands
we came up with an unusual mound.
And there it was: at the back:
Our Lady of the Incarnation.

Emperaire thought that if there was a church here
then somewhere there had to be a cemetery.

We dug a deep pit
and pulled out nine skeletons.

Emperaire guessed at the age and sex,
gave them names:
Joaquín, Jesús, Eugenio:

One executed
—his hands tied behind his neck—
Another decapitated
—we could not find his head—.

We noted the little bones
in the belly of one, pregnant.
The rest were in normal states:
in the open air after four centuries.

Emperaire took notes for an archeological report.
I recorded data on "The Road of Hunger."

En 1966 se hicieron nuevos trabajos.
Extrajeron los esqueletos de siete u ocho españoles.
Fallecieron mientras dormían
en el hospital
en posición encogida
flectados.

Los restos estaban sobre la piedra pelada
se conservaban intactos algunos
otros comidos por la humedad
otro alimento para las fieras.
No hallamos ni un botón en las cercanías.

Verdad es que gracias a Veiga
despúes de años
y antes que fueran dados de baja
del inventario del museo
los restos, aquellos infelices
fueron depositados en el Dolmen del Puerto.

El traslado se hizo en forma solemne aprovechando la
visita española
de Hidalgos del Mar, o algo parecido
que en traje de época—siglo XVI—
hicieron su ofrenda a los muertos.

Merecidamente—confesó
el gentío esa tarde—
todo fue justo y hermoso.

In 1966 new workers arrived.
They brought up skeletons of six or seven Spaniards.
They'd died in their sleep
in a hospital in shrunken
fetal positions, their tails tucked up.

The rest were on a slab.
Some were preserved intact,
others eaten away by moisture,
another by some sort of beasts.
We did not find one button in the whole area.

The truth is that, thanks to Veiga,
after some years
and before they were discarded
in the inventory of the museum,
the remains, the unhappy remains,
were deposited in Dolmen del Puerto.

The transfer was a solemn event,
we took advantage of the visit
of some Spanish gentlemen
from Hidalgos del Mar, or something like that,
dressed in suits from the era—the 17th century—
to make an offering to the dead.

Benevolently—they pronounced to
the crowd that afternoon—
the day was just and fair.

TESTIMONIOS
DE PACIFICACIÓN

TESTIMONIES
OF PACIFICATION

EXPROPIACIÓN DE SEPULTURA
—TESTIMONIO DE JUANA CAICHEO—

Yo no sabía leer y había que leer
el diario para ir a firmar la escritura
así me dijeron, que no fui
cuando debía haber ido, que no fui
y que por eso perdí la tumba
y los huesos, que me quedaron
allá enterrados.

EXPROPRIATION OF THE GRAVE
—TESTIMONY OF JUANA CAICHEO—

I didn't know how to read and I had to read
the paper to go and sign the deed
so they told me, and that I was not there
when I should have been, that I was not
and because of this I lost the tomb
and the bones that I had left
buried there.

EXPROPIACIÓN DE SEPULTURA
—TESTIMONIO DE ROSARIO HUEICHA—

Primero me metieron en la tierra
hijito, me lloraron tres días con sus noches
y me metieron en la tierra hij, y entonces el cordel
de la ropa ya no lo vi más sobre el patio
contra el cielo no lo vi porque ya no se veía, ya no
veo más el cielo hijito donde solía verlo, menos
desde la rama en que me metí hij, cuando salí de
allá abajo hasta la hoja de la rama, la punta de la
hoja en la mañana, la rama por la noche hijito
me movía, me movía todo el día, con el viento me movía
en mis sueños, y de repente con el agua, qué miedo
hijito tanta agua, primero que era el diluvio creí
pero después caí en cuenta y sí, ahora sí—me dije—
que estoy sepultada.

GRAVESITE EXPROPRIATION
—TESTIMONY OF ROSARIO HUEICHA—

First they placed me in the ground,
little one, they cried for me three days and nights
and they placed me in the ground, child, for then
I could no longer see the clothesline over the patio
against the sky, could not see because now I cannot see,
   no more
to see the sky, child, where I used to see it, and
the branches crowding in, child, as when I leapt
from up there like a leaf from a branch, the tip
of the leaves in the morning, the branch in the night, little
   one,
that moved me so, that swayed me every day, with the
wind that moved
through my dreams, and then suddenly water, what fear
my child, so much water that at first I thought it was a
   flood
but then I realized, and yes, now yes—I said—
I am buried.

TESTIMONIO DEL INDIO QUE REHÚSA DECIR SU NOMBRE

El indio desconocido
llegó desde las brumas de la duda histórica y geográfica.
Yace aquí cobijado en el patrio
amor de la chilenidad. "eternamente"

EPITAFIO—ESTATUA AL INDIO DESCONOCIDO CEMENTERIO DE PUNTA ARENAS

Llámenme como quieran pues no es a mí a quien llaman, ni a quien prenden velas, ni a quien tienen rodeado de muertos. No soy yo quien va a darles su *cucharada de esperanza, su taza de amor, su ralladura de paciencia*, no es a mí a quien llevan tablas y placas, ni a quien agradecen favores que no detengo. Sé que hay un cordel de ropa en cada patio y que de allí cuelgan las tumbas que lavan una vez a la semana. En la cocina pelan verduras, hacen sopa de huesos, se acuestan—una vez a la semana—sobre un cadáver blando, se levantan blancos y se solean bajo los palos de luz. Hay un cordel en cada pieza de la casa, y de allí cuelgan las tumbas que lavan una vez a la semana. En sus casillas reciben mensajes de México, cadenas de favores, correos que firman y envían por el niño leucémico que cada cien mensajes recibe un dólar. No es por mí por quien votan para dejar esta casa, ni soy quien pide la vida a un muerto que no conoce. Hay un cordel en cada baño de cada casa, y de allí cuelgan las tumbas que lavan una vez a la sema-na. Mientras esperan que sequen, las esposas encienden velas, rezan y abren y cierran las cortinas, los domingos se levantan muy tarde y compran *El Magallanes*. De vez en cuando visitan el cementerio, hablan del día que vieron por última vez a sus abuelos, de los panes amasados que los viejos solían hacer, de los curantos y algunas frases que se quedaron en sus oídos. Un gato sobre un árbol los sorprende, un perro les ladra, pasa un avión y creen que es Dios.

TESTIMONY OF THE INDIAN WHO REFUSED TO SAY HIS NAME

The unknown Indian
arrived from the mists of a nebulous history
and geography lies here covered with
the love of the Chilean nation "eternally"

EPITAPH—FOR THE STATUE OF THE UNKNOWN INDIAN THE CEMETERY OF PUNTA ARENAS

They can name me whatever they want but it is not me they name, nor am I the one for whom they light these candles, nor the one for whom they gather around these dead. I am not the one who will give them *the spoonful of hope, the cup of love, the crumbs of patience*, it is not to me they carry these tablets and plaques, nor to me they bestow these favors that I do not want. I know there is a clothesline in each patio and from there they hang the tombs they wash once every week. In the kitchen they peel vegetables, make soup from bones, and lay down—once a week—over the soft corpses, rising up pure and bleached below the lampposts. There is a line in each part of the house and from there they hang the tombs that they wash every week. In their inboxes they receive messages from México, favor chains, letters which they sign and send for the boy with leukemia who for each one hundred messages receives a dollar. It is not for me they elect to leave this house, nor am I the one to ask life for a dead person I never knew. There is a line in each bathroom in every house, and from this they hang the tombs they wash once a week. While they wait to dry, their mates light candles, pray, open and close the curtains, on Sundays rise very late and read the *El Magallenes*. Occasionally, they visit the cemetery, talk about the last time they saw their grandparents, of the fine breads the old ones used to make, the proverbs and other sayings that remain in their ears. A cat up in a tree surprises them, a dog barks at them, an airplane passes over and they believe it is God.

ALBERT PAGELS RECITA
UN POEMA DE PAUL CELÁN

Estamos próximos,
Señor próximos y apresables.

Ya enterrados, todo en ti
enhiestos desde la roca
y la arena, como si la tumba
que somos cada uno de nosotros
fuese tu misma mirada silenciosa.

Estamos próximos,
Señor próximos y apresables.

Ladeados por el viento íbamos
y así inclinados subíamos los cerros
y allí dejamos tu nombre escondido
para que otros no pudieran desearnos mal
y cruzamos el mar para llevar tu misterio
que escribimos por tu sangre y cosimos
a esta orilla con el hilo de la nuestra.

Estamos próximos,
Señor próximos y apresables.

Porque sangre es lo que tú has derramado
y encarnado es el viraje de esta sombra
cuando oscurece el fondo de las naves
ante el color de este mar que es el reflejo
de tu cielo que hemos visto vacío y hambriento.

Estamos próximos,
Señor próximos y apresables.

Hemos bebido, Señor, la sangre
danos ahora en el cuerpo de comer y de rezar
que en toda singladura van echados los calderos
y este Estrecho que sabemos es tu ofrenda

ALBERT PAGELS RECITES
A POEM BY PAUL CELÁN

We are near, Lord,
near and at hand.

Already buried, everything in you
rising from the rock
and the sand, as if the tomb
that we are—each one of us—
fuses with your silent gaze.

We are near, Lord,
near and at hand.

Leaning toward the wind we went
and thus inclined we climbed the hills
and there in secret left your name
so that others could not wish us ill
and crossed the sea to bring your mystery
that we wrote in your blood and sewed
on this shore with the thread of ourselves.

We are near, Lord,
near and at hand.

Because the blood is that with which you have spilled
and incarnate is the curve of this shadow
when the ships' depths have been obscured
before the color of this sea that is the reflection
of the sky that we have seen empty and starving.

Here we are, Lord,
near and at hand.

We have drunk, Lord, your blood
and broken now your body, to eat and to pray
in this long day cast over the cauldrons
and along this Strait, your rich offering to us—

Christian Formoso   87

acepte la garganta que te hemos consagrado:
estamos próximos, Señor.

accept the throats with which we hallow you:
we are near, O Lord.

TRÁNSITO: CRIPTA ISLAS PICTON, LENOX Y NUEVA
TESTIMONIO Ch. F.
(† 9/XII/1979) QEPD

Como ahora, era frío y oscuro el tubo de concreto en el pasto del patio. Y ahí me metía cuando escuchaba los aviones y cuando no.

Luego salía y me iba al colegio. Aunque estaba a dos cuadras de mi casa—y hasta séptimo básico—mi abuela me llevaba de la mano.

Una noche soñé que estaba en clases y sonaba la campana, y la campana era el ruido de un avión. Los niños salían al recreo y se metían en sus tubos.

En el sueño yo tenía poderes, y aunque estaba encerrado, veía a mis compañeros en los fríos cilindros, callados, pensando, como haciendo una prueba.

La tarima—donde izaban la bandera y la canción nacional—rodeada de tubos, y mis amigos ahí dentro, muertos: eso fue lo que vi justo antes de despertar.

Después me dijeron que no iba a haber guerra, que me olvidara del tubo. En el colegio avisaron que venía el presidente. Y nos llevaron a verlo.

No lo vimos a él pero sí a su señora. Pasó saludando y las profesoras nos hicieron levantar la mano. Después tuvimos clases de religión.

PASSAGE: CRYPT OF ISLAS PICTON, LENOX AND NUEVA
TESTIMONY Ch.F.
(† 9/XII/1979) QEPD

Like now, it was cold and dark in the tube of concrete out in the yard. And there I crawled when I heard the planes and when I didn't.

Later I would leave to go to school. Although it was just two blocks from my house—up to seventh grade—my grandmother always took me there by the hand.

One night I dreamed I was in class and the bell rang, and the bell was the noise of a plane. The children all went out to recess and got into the tubes.

In the dream I had certain powers, and although I was enclosed, I could see my classmates in their cold cylinders, quiet and pensive, as if taking a test.

The platform—where they raised the flag and sang the National Anthem—surrounded by tubes, and my friends all inside, dead: that was what I saw just before waking.

Later they told me there would not be a war, to forget about the tube. In the school they announced that the president was coming. And we went out to see him.

We did not see him but saw his wife instead. She went by waving and the teachers told us to raise up our hands. Then we went in for religion.

DOS TESTIMONIOS DE SEPULTUREROS
DE CUANDO MARCOLÍN PIADO
FUE ENTERRADO VIVO EN 1920

Pasaron dos años para que los obreros hicieran
escuchar su voz. Y lo hicieron a través de un cuadernillo
titulado "Los horroroso sucesos del 27 de julio"
firmado con el seudónimo de Marcolín Piado.

CARLOS VEGA D.

No el hombre sino el pasillo entre tus huesos
la mampara, la luz torcida de tu esternón
la pared falsa de tu nombre enterrado
y el ataúd de tu hambre con cortafuegos.

No el cierto sino el ciertamente
inventado, por los obreros el año 20, el
enterrado diez veces el mismo día dos años después.

De cuántas veces, perdí
la cuenta, los vivos entierros:
el Presidente Sanfuentes, las guardias
blancas, el coro de pobretonas
detrás, tu ataúd—hecho de tabla de
cajón de manzana—tu golpe
tu llanto cuando arrojado a la fosa
tu imprenta, diarios, tus hijos
desnutridos, todos, puño en alto
la fosa sí.

Fe de los otros
Presidentes que te han seguido
enterrando, doy y de los cada vez más
disminuidos cortejos, sin diarios pero
con más y más desnutridos.

A la fosa común fueron a darse una vuelta
tus huesos, mienten los obreros

THE TESTIMONY OF TWO GRAVEDIGGERS
WHEN MARCOLÍN PIADO
WAS BURIED ALIVE IN 1920

Two years passed since the workers
heard his voice. And they found it through a booklet
titled "The Horrific Events of the 27th of July"
signed with the pseudonym of Marcolín Piado

CARLOS VEGA D.

Not the man but the corridor between your bones,
the screen, the light twisted in your breastbone
the false wall of your name buried
and your hunger's coffin with firebreaks.

Not the truth but an invented
certainty, for the workers of 1920,
buried him ten times on the same day two years later.

How many times, I lost
count of those buried alive:
President Sanfuentes, the White
Guards, the chorus of the terribly poor
behind, your coffin—made from
apple crates—your knocking
your cry when thrown into the grave,
your printing press, your articles, your malnourished
children, all, your fist high
in the grave, yes.

The faith of the others,
Presidents you had followed,
all buried, and each time a
smaller procession, all unreported, just
more and more of the malnourished.

To the common grave they went, and gathered
around your bones. They lied, the workers,

cuando dicen nunca, tú nunca, tú no
existes, oh vergüenza de mí
tu ataúd latiendo, enterrado vivo
y el movimiento bajo las palas de tierra.

when they said nothing, that you are nothing, that you
don't exist, oh shame on me,
your throbbing grave, buried alive
and the movement below the shovels of dirt.

DE LO DICHO POR SARA BRAUN ANTES DE FOTOCOPIARSE EL ROSTRO E INSERTARLO COMO IMAGEN EN EL PORTAL WEBDEL CEMENTERIO

1.   Tengo una puerta grande donde vacié
la juventud de mis mejillas; es todo.
Lo demás no me fue dado, una puerta
no representa ni así, mi deseo perseguido
por los pasos de la muerte.

2.   Que no atraviese mis restos
la servidumbre oscura. Hierro
de los goznes, silben
con los años
mi triunfo sobre la muerte.

3.   Que alguien con devoción
me peine los domingos
de mi victoria.

SPOKEN BY SARA BRAUN BEFORE HER FACE WAS PHOTOCOPIED AND INSERTED AS THE IMAGE ON THE WEBSITE OF THE CEMETERY

1.   I have a large door where I erased
the youthfulness of my cheeks; that's it.
The rest was never given to me, a door
without a face, my desire haunted
by the footsteps of death.

2.   My dark obligation: let no one
pass by these remains. Iron
hinges whistle
over the years
my triumph over death.

3.   And let some devoted soul
comb out the Sundays
of my happy victory.

CRIPTA CHAT MAR DE BOLIVIA FRENTE AL ESTRECHO DE MAGALLANES

marco99 said:
Ayuden a recordar la letra del himno al mar que (ilegible) en las escuelas bolivianas. Se agradece. QEPD

rstinson said:
Yo quiero un mar azul para Bolivia. Yo me pregunto cómo izar un mar azul para Bolivia. QEPD (ilegible)

alvaro71 said:
Bolivia habla por boca de Marco Moreno—boca de gran mo-numento de puerto, José Carrasco llama a los que vieron invocar a Bolívar, San Martín, Sucre, AVAROA, VIVA BOLIVIA! y Nuestro Padre. Padre, bendígalos para … QEPD (ilegible)

isabela said:
Cada vez que me tocaba (ilegible) de música, yo entonaba la canción del mar: Antofagasta, tierra Hermosa/ Tocopilla Mejillones, junto al mar/ con Cobija y Calama otra vez a la Patria volverán entonces lloraba a chorros porque mis (ilegi-ble) Isa QEPD

marahora said:
Nombre ilegible QEPD

chr.71 said:
Nombre ilegible QEPD

CRYPT CHAT ABOUT THE SEA OF BOLIVIA IN FRONT OF THE STRAIT OF MAGELLAN

marco99 said:
Someone, please, help us to remember the words to the Hymn of the Sea that (illegible) in Bolivian schools. We would be very grateful QEPD

rstinson said:
I want a blue sea for Bolivia. Couldn't we raise a blue sea for Bolivia? QEPD (illegible)

alvaro7 b said:
Bolivia speaks through the mouth of Marco Moreno—a mouth with a great monument of a port, Jose Carrasco calls on all those who saw it to invoke Simon Bolivar, San Martín, and our great capital Sucre, ALL HAIL, LONG LIVE BO-LIVIA! y Our Father. Father, bless us for … QEPD (illegible)

isabela said:
Each time I played (illegible) of music, I intoned the song of the sea: Antofagasta, Sister Earth/ Tocopilla Mejillones, one with the sea/ with Cobija and Calama once more for our country we returned, then cried out a chorus because my (illegible) Isa QEPD

marahora said:
Name illegible QEPD

chr.71 said:
Name illegible QEPD

PABELLÓN DE LOS NOMBRES

PAVILLION OF THE NAMES

PABELLÓN DE LOS NOMBRES

1

Credo invencible de los pasos en la madera, para que escuches la respiración escribiendo bajo el techo del pabellón, el tran seúnte hinchado entre los eslabones cometidos, los pasos del hielo quebrándose en la laguna.

2

Tras el óxido de las puertas haz el seco juramento. Abotona una palabra a tu corazón, al débil ojal de tus extremidades, al viejo cierre de tus huesos. Verás nombres que son puertas tras las puertas, y van desnudos.

3

Entonces pide la llave para abrir esos nombres, las herencias hermosas no caben en una pieza cerrada, y enciende una vela para quemar el oxígeno que respira la muerte.

4

Tras la puerta de tu nombre encontrarás monedas y un ánfora. El reverso de las monedas tiene un rostro de muerte, míralo a la luz de la vela, los espejos tienen forma de moneda.

5

Ahora escucha a los que llaman en lo antiguo. No olvides pedir la juventud antes de pedir la vida eterna. Junta las monedas que necesites para el viaje y tiéndete, con una moneda sobre tu boca, y habla.

PAVILLION OF THE NAMES

1

Invincible creed of steps in the wood so you can hear the breath writing under the roof of the canopy, the arrogant traveler through his endless commitments, the steps of the ice breaking in the pool.

2

After the rusting of the doors take a dry oath. Fasten a word to your heart through the frail buttonhole of your extremities, the old zipper of your bones. You will see names that open door after door, and go naked.

3

Then you ask for the key to open these names, your inherited beauties do not fit in such a closed space and you must light a candle to burn the oxygen which the dead breathe.

4

Behind the door of your name, you encounter the coins and the ballot box. On the back of the coins is a list of the names of the dead, see it by the light of the candle, the mirrors take on the form of coins.

5

Now you listen to those who were named so long ago. Don't forget to ask for youth before you ask for eternity. Gather the coins you will need for your journey and spread them out before you. Place the coins over your mouth. And speak.

TUMBA PAMPA ABIERTA

Sobre la seca sobra amarilla se ha apagado la luz de un
faro perdido, y la partidura del cabello se ha revelado
para abrir su sincronía inconclusa, el alero de una
   estancia
desaparecida bajo los gritos de jornales transparentes
la faena descubierta sobre el pastizal inflamado de
quietud. Los barcos que continúan cayendo desde el
fondo de una copa enquistada y salobre, las tropillas
seguidas por el camión de la sequía, los alambres de púa
tendidos con sus semillas lentas entrando desde el fondo
de la tierra, un piar acongojado de viejos incendios
repetidos en versiones menos acabadas. Sobre
la sobra seca se abre una floración reproducida
con banderas enjutas que aún arden
bajo la mentira piadosa de la nieve, bajo lo real piadoso
de la escarcha establecida, vaciada de significado.
   Zancadas
parecen esas sobras que suben sobre el desvelo
lanzado, bajo la cabellera de un infinito que limita
con el tropiezo y el tartamudeo, que escapa
de la boca, de la distancia agitada, como un paseo sin
ramas, vacío frente a las cejas que coronan un amarillo
que parejo se extiende sobre un lienzo quemado, y sobre
   eso
hay toros negros y rebaños interminables de ovejas
esquiladas, y perros esqueletos y ovejeros muertos
que amansan el caballo amarillo
que montan a la distancia, y el caballo negro
que se les va como pagado por el arroyo seco
en verano, la laguna que en primavera es un oasis
para los pájaros, el flamenco que hace del amarillo
parte de su año. De todo como de un pez escurridizo
no hay más que la imprecisión y la sangría de estas
revelaciones, la callada articulación de las piezas
de engranaje que se esparcen entre lenguas y nombres
espinosos, a la orilla de un camino atado
al alquitrán, y la engañosa sensación de reverdecimiento

OPEN PRAIRIE GRAVE

Across the dry and yellowed expanse, they have shut off
   the beam from the
abandoned lighthouse, and the part in your hair has been
   pulled back to reveal
your incomplete synchronicity, the wing of a ranch
   disappearing
invisibly below the screams of the invisible workers,
the deed discovered in the pasture burning
with solitude. The ships that continue falling
from a cup crystalled with salt, the herds
following the truck of the drought, the barbed wire
tending to the seeds growing slowly from the base
of the earth, a cry of distress in the old fires
repeated in versions without end. Over
the dry expanse opens a perennial bloom
with colors thin yet still burning
beneath the pious lies of the snow, beneath the royal piety
of the established frost, emptied of meaning. Seeming to
   stride
these scraps rise in a hurling sleeplessness, under the hair
of infinite limits, with the stumbling and stuttering that
   escapes
from the mouth, from the troubled distance, like a
   passageway
without branches, shorn of eyebrows that crown this
   yellow
that resembles being held over a burning canvas, and over
   these
there are black bulls and interminable herds of sheered
sheep, and skeletons of dogs, and dead shepherds
that tame the yellow horse to mount it
in the distance, and the black horse
that rides with its smug teeth through the dry arroyo
in summer, the lagoon that in spring is an oasis
for the birds, the flamingo that makes the yellow
part of the year. All this is like a slippery fish
that leaves no more than an impression on the blood

al final de la curva de la muerte. Frente al Cerro del
Cazador, un cementerio avisa lo que sigue: un par
de cruces sin nombre sobre el piar amarillo de un faro
distante tanto del día como de la montaña, en medio
de una pampa sin orillas. Y olas de pasto movidas
por el viento. Barco ninguno a la deriva, hombre
ninguno cayendo al agua, sino a la tierra. Poema
sin comas, con rima, a medio terminar.

of these revelations, the quiet articulation of the cog
in the gear that grinds between languages and thorny
names at the edge of the road bunched up
with tar, with the deceptive sensation of greening
at the final curve of the dead. In front of The Hill
of the Hunters, a cemetery warns you of what comes: a
   pair
of crosses without name over a yellow cry in the far
distance, both of the day and of the mountain, in the
   middle
of a prairie without any shores. And pastures of waves
   restless
in the wind. No ship adrift, not a single man
falling through water, only to the earth. A poem without
   commas,
with rhymes, and only half done.

TUMBA ISLA DE LOS MUERTOS

Antiguo sector cementerio de colonos; hoy toda la isla es una sola sepultura. Puerto Prat, Puerto Cóndor, Puerto Consuelo y otros sitios rurales, dejaron allí sus desperdicios.

DESCRIPCIÓN:

— Espacio sin cercar sobre el borde sudoeste de la isla.
— 100 metros cuadrados aproximadamente.
— Restos de entre 40 a 50 tumbas abandonadas.
— Sin identificación legible, en tres de las tumbas hay rejas y cruces de hierro.
— Dos tumbas conservan ladrillos y cemento, dos placas de mármol con las siguientes leyendas:

ULRICH SPRANGER
GEB: PENZLIN 4.IX. 1857
GEST: PUERTO BORIES 4.VI.1909

MARÍA DEL T.
LEIVA DE TABOADA
QEPD
FALLECIÓ EL 6 DE MARZO DE 1912
RECUERDO DE SUS HIJOS

GRAVE ON THE ISLAND OF THE DEAD

The elder section of the cemetery of the colonists; today all the island is one sepulture. Port Pratt, Port Cóndor, Port Consuelo and others rural places, leaving here their refuse.

DESCRIPTION:

— Space without end along the southeast border of the island.
— Approximately 100 meters square.
— The remains of between 40 and 50 abandoned graves.
— Without legible identification, in three of the graves there are grids and crosses of iron.
— Two graves still have the tiles and cement, two plaques of marble with the following script:

ULRICH SPRANGER
DOB: PENZLIN 4.1X.1857
DOD: PUERTO BORIES 4.VI.1909

MARÍA DEL T.
LEIVA DE TABOADA
QEPD
DIED THE 6TH OF MARCH OF 1912
REMEMBERED BY HER CHILDREN

TUMBA FARO POSESIÓN

Incluye otras seis sepulturas, dos de ellas de cemento con cruces y cuatro con rejas de madera, con restos de pintura negra. Sólo tres de las tumbas presentan inscripciones:

“AQUÍ DESCANSAN LOS RESTOS DE
MARÍA MORGADO DE ROSAS
FALLECIÓ EL 25 DE JULIO DE 1918
A LA EDAD DE 38 AÑOS
RECUERDO DE SU ESPOSO I AHIJADO”

“AQUÍ YACE NUESTRO HIJITO
DOIMO URSICH O.
FALLECIÓ OCTUBRE 15 DE 1904
A LA EDAD DE TRES
AÑOSRECUERDO DE SUS PADRES
QEPD”

AQUÍ YACE
ELIA Y NILDA
MOLINA? ARIAS?
DEIADI (indescifrable)

GRAVE OF FARO POSESIÓN

Includes another six graves, two of them of cement with crosses and four with grids of wood with traces of black paint. Only three of the graves carry transcriptions:

“HERE RESTS THE REMAINS OF
MARÍA MORGADO DE ROSAS
DIED THE 25TH OF JULY IN 1918
AT THE AGE OF 38 YEARS
REMEMBERED BY HER HUSBAND AND GODSON”

“HERE LIES OUR DEAR CHILD
DOIMO URSICH O.
DIED OCTOBER 15TH OF 1904
AT THE AGE OF THREE YEARS
REMEMBERED BY HIS PARENTS
QEPD”

HERE LIES
ELIA AND NILDA
MOLINA? ARIAS?
DEIADI (indecipherable)

TUMBA ONAISIN

Tumba cerrada con cerco de madera y malla de alambre. Corresponde a pobladores y colonos de estancia "Caleta Josefina." Abierta en parte, contiene otros quince sepulcros, 11 de ellos perfectamente individualizados; 4 con restos y evidencias; una gran tumba con lápida de granito y cercado de piedra; 4 con reja de madera.

ALGUNAS INSCRIPCIONES:

"THIS STONE
WAS ERECTED BY THEIR FELLOW EMPLOYEES
IN MEMORY OF
EDWARD WILLIAMSON AND EMILIO TRASLAVIÑA
WHO WERE KILLED BY INDIANS
NEAR SAN SEBASTIANIN
JANUARY 16 TH 1896"

"Aquí… RT… ESPOSO Y PADRE
JUAN PONCE CAÑAS QEPD
FALLECIDO TRAJICAMENTE
ENCONTRADO AL INTEMPERIE… "

GRAVE OF ONAISIN

This grave sealed with a circle of wood and wire mesh. It marks settlers and colonists from the ranch "Caleta Josefina." Partly opened, it contains another fifteen markers, 11 of these perfectly individualized: 4 with remains and artifacts; one grand tomb with tablets of granite and covered over with stone; 4 with gratings of wood.

SOME INSCRIPTIONS:

"THIS STONE
WAS ERECTED BY THEIR FELLOW EMPLOYEES
IN MEMORY OF
EDWARD WILLIAMSON AND EMILIO TRASLAVIÑA
WHO WERE KILLED BY INDIANS
NEAR SAN SEBASTIAN
IN JANUARY 16TH 1896"

"Here… RT … HUSBAND AND FATHER
JUAN PONCE CAÑAS QEPD
DIED TRAGICALLY
FOUND IN THE OPEN…"

TUMBA BUQUE QUEMADO

Tumba perteneciente a la antigua estancia "Punta Delgada." Recinto cerrado con alambrado, estado menos que regular. Contiene a lo menos otras ocho sepulturas: tres con rejas de fierro, el resto de madera en mal estado.

DESCRIPCIONES:

Sepulcro reja de fierro, plancha de bronce. Inscripción:

"MARY CAMPBELL
BORN JULY 19th 1896
DIED AUGUST 5 1897
SUFFER LITTLE CHILDREN TO COME UNTO ME
AND FORBID THEM NOT, FOR OF SUCH IS THE
KINGDOM OF HEAVEN"

Sepulcro reja de madera. Placa de lata enmohecida,
apenas legible: …

…TOMAS L M

TOMB OF THE BURNED SHIP

Tomb belonging to the old ranch, "Punta Delgada." A closed area with wire fencing, somewhat smaller than the normal. Contains at least eight graves: three with gratings of iron, and the rest of wood in bad shape.

DESCRIPTIONS:

Tomb with iron grating, plaited with bronze. Inscription:

"MARY CAMPBELL
BORN JULY 19TH 1896
DIED AUGUST 5 1897
SUFFER LITTLE CHILDREN TO COME UNTO ME
AND FORBID THEM NOT, FOR OF SUCH IS THE
KINGDOM OF HEAVEN"

Grave with wood grating. Plaque of moldy tin,
barely legible:

…TOMAS L M.

TUMBA PUERTO HARRIS
—ISLA DAWSON—

Tumba de 30X37 cercada con piquetes. Conservación en es-tado deficiente. Corresponde a pobladores de Estancia "Gente Grande" y de la Misión Salesiana de San Rafael. Incluye otras 21 tumbas.

ALGUNAS DESCRIPCIONES:

— Tumba con reja de fierro. Inscripción sobre cruz: "Aquí descansan los restos de/ nuestro querido/ hijito Luis Pulgar O./ Mayo/ QEPD/ 1960/ Tus padres"
— Cruz en el suelo, sin leyenda.
— Lápida de cemento, cruz de madera. Pintado: José Oje-da.
— Tumba de madera (creatura) sin inscripción.
— Tumba de cemento con cruz de mármol. Inscripción:

"VIOLITA DEL C. CHACÓN A.
QEPD
FALLECIO EL 5 11 1945
A LA EDAD DE 10 MESES
SUS PADRES"

GRAVE OF PORT HARRIS
—ISLA DAWSON—

Tomb of 30X37 surrounded by pickets. Poorly preserved. Representing the settlers of the ranch "Gente Grande" and the Misión Salesiana de San Rafael. Includes 21 other graves.

SOME DESCRIPTIONS:

— Grave with iron grating. Inscription above the cross: "Here rests the remains of/ our dear / little son Luis Pulgar O. / May / QEPD / 1960 / Your parents"
— Cross on the ground, without markings
— Tablet of cement, cross of wood. Painted: José Ojeda.
— Tomb of wood (creature of God) without description
— Tomb of cement with cross of marble. Inscription:

VIOLITA DEL C. CHACÓN A.
QEPD
DIED THE 5 OF 11 1945
AT THE AGE OF 10 MONTHS
YOUR PARENTS"

TUMBA SECCIÓN RÍO GRANDE

Cercado de madera mal conservado 3X3 m. Contiene inscripción grabada sobre una cruz:

"EUJENIO MARIONELICH
MUERTO AHOGAO
EL DIA 4/10/1915
NACIO EL AÑO 1897."

GRAVE IN THE SECTION CALLED RIO GRANDE

A cross of wood poorly preserved 3X3 m. Contains inscriptions engraved over a cross:

"EUJENIO MARIONELICH
DIED AHOGAO
THE DAY 4/10/1915
BORN IN THE YEAR 1897."

TUMBA BAHÍA DEL INDIO

Tumba perteneciente a grupo familiar alakalufe conocido con el nombre español de "familia Osorio Guerrero." Los muertos serían la madre y dos pequeñas hijas, todas fallecidas, según testimonios, de una enfermedad misteriosa.

DESCRIPCIÓN:

Recinto abierto. Contiene otras tres tumbas identificadas con cruces, una de ellas rota. No existen inscripciones.

GRAVE AT THE BAY OF THE INDIAN

Grave belonging to a familiar group of Alacalufe Indians known by the Spanish name of "family Osorio Guerrero." The dead were the mother and two small daughters, all of whom, according on the testimony, died of a mysterious circumstance.

DESCRIPTION:

An open enclosure. Contains another three graves identified with crosses, one of these broken. There exist no inscriptions.

TUMBA ZURDO
—ESTANCIA PENITENTE—

Podría pertenecer a sepulcro del cacique Mulato, enterrado hacia 1905. Dicha información, obtenida en 1971, ha sido puesta en duda. Se dice que también podría corresponder a los restos de una mujer y un recién nacido.

DESCRIPCIÓN:

Recinto de 2 X 1.50 cerrado con madera en regular estado. No posee cruz ni identificación.

GRAVE OF ZURDO
—RANCHO PENITENTE—

It could be these belong to a grave of a chieftain Mulato, interned about 1905. Such information, obtained in 1971, has been put in doubt. It is said also that it could correspond to the remains of a woman and her newborn child.

DESCRIPTION:

Enclosure of 2 X 1.50, covered with wood in the regular conidtion. It has no cross nor inscription.

TUMBA PUNTA BAJA

Tumba situada al oeste de la casa allí existente. Según Pedro Mansilla, el sepultado sería un niño, hijo de un trabajador de la estancia que existió en el sector ha muchos años.

La tumba está protegida por una reja de madera y una cruz sin inscripción.

TOMB OF PUNTA BAJA

A grave set to the west of the existing house. According to Pedro Mansilla, the grave will be a child, son of a worker on the ranch who lived in the area for many years.

The grave is shielded by a grid of wood and a cross without inscription.

TUMBA EL OVEJERO

Tumba aislada. Descansan los restos de una niña, hija al parecer de un trabajador de la casa administración. No posee cruz ni identificación.

Se desconoce fecha de fallecimiento y sepultación.

SHEPHERD'S TOMB

An isolated grave. Here lie the remains of a girl, a daughter belonging to a worker in charge of household maintenance. There is neither a cross nor identification.

We do not know the date of death or of burial.

TUMBA VILLA LUISA

ESTANCIA PUERTO CONSUELO

Tumba aislada. Correspondería a la sepultura de un colono alemán. Sepulcro no localizado.

TOMB OF VILLA LUISA

THE RANCH OF PUERTO CONSUELO

An isolated grave. Corresponding to the grave of a German colonist. This one was never found.

TOMB ON ISLA LENOX
—BETWEEN CALETA CUTTER
AND CALETA SEÑORITA—

Information obtained third hand. Corresponding to a grave that included the graves of miners. Without description.

TOMB IN PUERTO EDÉN

Corresponding to a grave that included other graves of Indians and possibly seal hunters and colonists. Without description.

TUMBA ISLA CONEJOS
—BAHÍA DE WULAIA, NAVARINO—

Información obtenida de terceros. Correspondería a sepultura aislada. Sin descripción.

TUMBA PUERTO TORO

TOMB ON ISLA CONEJOS
—BAY OF WULAIA, A SAILOR—

Information obtained third hand. Corresponding to an isolated grave. Without description.

GRAVE AT PUERTO TORO

TUMBA PUERTO DUMESTRE

GRAVE AT PUERTO DUMESTRE

TUMBA CALETA HOBBS
—BAHÍA GENTE GRANDE—

GRAVE OF CALETA HOBBS
—BAY OF GENTE GRANDE

PABELLÓN
PUERTO DE HAMBRE

PAVILLION
PUERTO HAMBRE

EN PUERTO DE HAMBRE AÚN ESPERAN
LA LLEGADA DE
"NUESTRA SEÑORA ESPERANZA"

IN PUERTO HAMBRE THEY STILL AWAIT
THE ARRIVAL OF
"OUR LADY OF HOPE"

JUAN MANRIQUE, SOLDADO, NATURAL DE MEDINA DE RIOSECO

Aúllo para huir del horizonte, del tiempo del hijo melancólico como una piedra marchita, del tiempo herido por su premeditada derrota, arrojado a esta orilla por una vieja ola, y permanezco ciego y atento a la marea, a escuchar el lamento de gaviotas y el vuelo plácido del viento, perdidamente ensimismado y envejeciendo, perdido entre las hojas mortales de la esperanza, sin ánima ni aura, sin destino, muriendo entre las fauces de un minuto sin tregua. De tal modo me levanto, me retracto de mis días y mis noches, rodeado de animales y fantasmas. Y paso entre unas pocas mujeres intocables, entre niños llorosos y municiones herrumbrosas. Y caen a mis pies las estaciones diariamente, en la tregua del sol descolorido, y caen señales tan llenas de despojos, entre grandes rocas y sobre acantilados, como alas empapadas, a morir entre las piedras. Y así por cada piedra, eternidad partida ahogada en una gota; resplandeciente hijo de la brecha y la conciencia. Voy con la sangre hundida en mis escombros, y una hembra en cada dedo de la noche, con resistencia y furia respiro mi esperanza, y me devora el corazón este desastre.

Así, de cuando en cuando, voy donde llaman mi alma compartida, y me dibujo una palabra en la mejilla, en mi cadáver donde brota el manantial de la verdad. Porque quiero ser herido por mi forma desmembrada, por mi seca victoria sobre el tiempo de los dioses. Yo quiero recordar la medida de mi estrella tendido sobre el duro despertar de mi ceniza. De pie, llorando sobre el aire endurecido, en la ausente, en la cansada presencia de lo eterno, callando la sentencia que se lleva la raíz al imperio de la noche. Yo desciendo a los rastros más oscuros, a mi huella ante el pie del adversario, ante el tiempo soñoliento y enfundado en la rueda de los cielos ateridos.

Yo bebo de mi copa polvareda y maldigo cada tarde de esta tierra, y me recreo en las olas transitorias y el tranquilo

JUAN MANRIQUE, SOLDIER, NATIVE OF MEDINA DE RIOSECO

My howl cries out to flee from the horizon, from the time of the melancholy son like a withered stone, the time that lay wounded in our predestined defeat, dashing itself on the shore with its old wave, so long and blindly pulled by the tides, listening to the lament of the gulls and the placid flight of the wind, madly brooding and growing older, lost among the mortal leaves of hope, without spirit or light, without destiny, dying inside the jaws of the merciless minutes. In this way I arise, regretting my days and nights, surrounded by animals and phantoms. I pass between untouchable women, weeping children and rusting munitions. And they fall at my feet in their stations daily, in the truce of the discolored sun, fall full of plunder, between huge rocks and over cliffs, like drenched wings, to die there. And for each stone, a divided eternity drowned in every drop; the shining son of the breech and the conscience. With my blood sunken in my debris, I go, a woman on each finger of the night, with resistance and fury I inhale my hope, and this disaster devours my heart.

Thus, from time to time, I go where they call my divided soul, and draw up a word into my cheeks, in my body where there sprouts a little spring of the truth. Because I want to be wounded in my shattered form, in my dry victory over the time of the gods. I want to remember the measurement of my flattened star, over the hard rising of my ashes. By foot, crying over the cruel air, in the absence, in the tired presence of the eternal, silencing the judgment that takes root in the empire of the night. I descend down the most obscure paths, my footsteps treading before the feet of my adversary, before the somnolent and shattered time in the circle of the terrifying skies.

I drink from my cup, so cursed and clouded with dust, every afternoon on this earth, and I enjoy the transitory waves and the tranquil internment of the funerals. In my suit there

destronar de funerales. En mi vestido hay un recuerdo transformado: un hijo de la nieve, callado por venganza, blandiendo un arcabuz como una estrella.

is a memory being transformed: a son of the snow, quietly seeking revenge, blasting a harquebus like an exploding star.

JUAN MARTÍN, SOLDADO, NATURAL DE ESTEPA

Estos navíos me han devorado la lengua, con su disparo rojo en la cabeza de los mares, en las banderas que sisaron mis nombres y les ahogaron sin piedad entre sus barcos, con una vela quebrada en un oasis marino, con oraciones mortuorias y legiones mortuorias, con la ciencia de la estrella perdida que yo amaba.

Yo era una rama entre los ríos de mi patria, y me vestía con el agua de sus rastros, con el follaje de la brisa perfumada, con la humedad de un cielo de raíces. Y pasaba entre otros con orgullo, con pabellones de hermosas rendidas en la noche y una mirada de fuego entre los labios. Porque se hacía más grande en mí la sangre, más fuerte en cada copa de la aurora, más dura en la montaña de mis ojos, con tranco de guerrero y residencia. Más no pedía oír y no escuchaba.

Entonces vine a dar con los navíos, por dar un pie enredado en la marea, por dar con otras bocas en los mares y en islas donde el sol se hace mujer.

Yo sería capitán en la derrota, pero un señuelo seco me llamaba, haciendo a mi medida la fosa de la tierra, haciendo un reguero de cenizas y de lágrimas. Yo caminé entre jarcias—mucho antes de ver el fondo de los mares—y levanté el pendón de la batalla y de los besos, y una substancia de roca corrió en mis venas al entrar en otra sangre: Yo imité los ríos perdiéndose en la mar.

Tan cierta y natural fue mi cobija, que nada mortal me parecía, hasta que vine a dar con los navíos. Así, me despojaron de mi lengua, la llevaron peces río arriba, en la geografía blanca de su especie, hasta dar con la boca de la muerte, por donde ahora hablo.

JUAN MARTÍN, SOLDIER, NATIVE OF ESTEPA

These ships have devoured my words, with their red bullet into the head of the seas, in flags that stole my names and drowned them without mercy between their hulls, with a broken sail in an oasis of navies, with eulogies and mourners, with the measured loss of my beloved star.

I had been a branch between the rivers of my country, and I dressed in the water of its pathways, with the foliage of its most perfumed breeze, with the dampness of its heaven of roots. And I passed others with pride, with flags of beautiful surrender in the night and a gaze of fire between my lips. Because grew in me, my blood, stronger with every cup of dawn, more enduring in the mountain of my eyes, with the threshold between war and home. No more did I ask to hear and I would not listen.

And so I came to surrender to these boats, to surrender a tangled-up foot in the tide, to surrender with the other mouths of the oceans and the islands where the sun becomes a woman.

I would be captain in defeat, but a withered lure called me, marking my measurements in the grave of the earth, making a trail of ashes and tears. I walked between riggings—many having seen the bottom of the seas—and I raised the banner for battle and kisses, and the gratings of rock ran in my veins to enter other blood: imitating the rivers losing themselves in the sea.

So complete and natural was my disguise that nothing mortal would see me, until I came to surrender to the boats.
Like this, they stripped me of my tongue, the fishes carried it up the river, in the white geography of their genes, until they surrendered it to the mouth of death, from where I now speak.

LUIS NIÑO, SOLDADO, NATURAL DE PUERTOLLANO

Hora de piedras encalladas, en esta cárcel en que a mí me asemejo, un viento repetido y sonámbulo, con todo lo que suena en su redada, viene a mí en mi sombra, consumado. Como herido por miradas y brotes, ciertamente la mano muerta, oh voluntad sometida de los yugos y del óxido, atado a una palabra de madera, a la cornisa de piedra con un mástil hundido, a naufragios en litorales atestados de moscas, junto a un candado ciego y una hoja fundida. Destino sin misericordia, para estar de manos atado, bajo la cruz de los astros, con las arañas del púlpito tejiendo redes y hostias. Si hubiese echado mi suerte al matadero, no habría hundido mi cabeza en este charco. Si hubiese atado a mi traje de soldado la mañana cautiva de mi espejo, no hubiese sido el cardenal de lo sangriento. Hora que asemeja la caída de un albatros, herido por incontables flechas de palabras, herido en esta celda abierta, sin murallas, en el arrecife de la boca donde encallan todos, todos, en el trueno y el animal que atraviesa el paso de la noche, hasta ser una sombra hundida en el deseo.

Palabra que amenaza, aire paralelo a la voracidad de la derrota, donde a veces se escucha un ronroneo de campanas, y un rumor de voces sorprendidas, como si fuese un fusil disparado, al unísono, yo imagino la justicia entrando en mi cabeza, y la nieve en la boca de los meses gangrenados. Yo veo mis verdugos temblando en el lugar de la pavesa, y el cañón, y mis huesos, arropados mansamente por la mano vegetal de los años. Luz postrada ante el derrumbe de esta cárcel, veo, piedras, verde silencio, que hacen mi sangre temblar, y al viento, temblar entre los pastos.

LUIS NIÑO, SOLDIER, NATIVE OF PUERTOLLANO

In the hour of shipwrecked stones, in this cell where I assemble myself, an insistent and sleepwalking wind, carrying all that the dream can grasp in its casting, comes to me whole in my shadow. As if drowned by glances and buds, surely the hand of death, voluntarily submitting to the yoke and the rust, bound by a word of wood, a cornice of stone with its drowned mast, a shipwreck on a coast swarming with flies, along with a blind lock and a ruined page. Destiny without mercy, living with one's hands tied below the cross of the stars, with the spiders of the pulpit weaving their nets and their consuming hosts. If I had cast my fortune to the slaughterhouse, I would not have drowned my head in this pool. If I had simply bound my uniform that morning when it was caught in the mirror, I would not have become a cardinal of the blood. It's time to assemble the fallen albatross, wounded by the endless arrows of words, wounded in this open cell without walls, in this reef of the mouth where all run aground, all, in the thunder and the beast that spans the passage into night, until there is a shadow submerged in our desire.

In the words that threaten, the air that flows over its insatiable routes, where at times you can hear the hum of the campaigns, and the rumor of suppressed voices, like the sound of diffused rifles, all speaking in unison, I imagine justice entering my head, my executioners trembling in the place of the spark, and the cannon, and my bones wrapped so gently in the green hand of the years. As the light falls before the disassembling of this cell, I see stones, green silence that makes my blood tremble, and the wind tremble out over the fields.

PEDRO LÓPEZ, NATURAL DE SEÑAL

A adorar el cielo fui enseñado en la tierra, al yugo difícil de los reyes sin oficio, sin canto como ahora sigo al perro salvaje, al ánima que aúlla estrangulada dentro de mí. Yo amaría las líneas que llegaran a mi boca, tejidas en un reino de doncellas perfumadas, yo pintaría el ciervo que celebra en el bosque su danza suave sobre el pasto jubiloso. Pero ahora quiero en mi puño una cintura, hacer mía una corona de sangre, y en lo hondo y en lo hondo del bosque, me llama la voz caliente de los árboles, voz desnuda que lucha en el insomnio, y mis manos y mi lengua hacen suya.

Quiero el cielo de la sangre antes que el cielo de la muerte, quiero una patria de piernas extendidas, de blancos pechos altos, una tierra de calor quiero en mis manos derruidas, quiero una fuente de sangre tan ardiente como esta copa de noche, o quiero una copa de hielo para mi sola desventura, un terrón de malezas y una desnudez de veneno.

Niña de mano estrecha, de pie enfundado en la madera del bosque, donde miro a estas horas hay una flor extendida, una celebración que recuerda tu boca agitada en la candente hora, tu boca hecha una y perdida con mi boca. Y mi sangre, que a esta hora peina su rumor negro, su último pendón enarbolado en la floresta, hija de la vid y de la roca, sólo te encuentra temblando, agazapada, en mi memoria.

Y entonces tú, belleza muerta, te llevo a mis labios, y tu mancha divina y tu olor perpetuo: niña engendrada por la noche, aspa, molino que trilla el oro de mi sangre, voy herido de verte en un rayo, desnuda y alta haces temblar mi boca, y al viento, temblar entre los pastos.

PEDRO LÓPEZ, NATIVE OF SENAL

I was trained in the earth to worship the sky, the difficult yoke of kings without office, unsung, just like now, where I follow the path of a wild dog, that soul which still howls and strangles me inside. I would love beautiful lines coming to my lips, woven in a kingdom of perfumed virgins, I would have painted the deer leaping through the forest in their gentle dance around the jubilant field. But now all I want is to grasp a lithe waist, to make my crown a wild crown of blood, and in the depths of the depths of the forest, to call to the warmest voice of the trees, that naked voice which breaks through all troubled sleep, for my hands and my words to be hers.

I wish for the heaven of blood before the sky of death, for a country of extended legs, of lifted white breasts, for a fountain of blood as fervent as this cup of night, or else a cup of ice to drown my singular misfortune, a clump of weeds and a nakedness of poison.

Girl of narrow hands, with feet like the finest wood of the forest, where I see now a spreading flower, a celebration that recalls your quivering mouth in that burning hour, your mouth made one with and lost in mine. And my blood, that now throbs with dark murmurs, that once hoisted the highest banner of the grove, o daughter of vine and rock, whom I can find—trembling, clutching—only in my memory.

And then you, lovely death, I bring you to my lips, your divine bruise, your perpetual odor: girl begotten by night, cross-armed, like a threshing mill for the gold in my blood, I come wounded by a descending ray, naked and risen, that makes my mouth tremble, and the wind tremble out over the fields.

JUAN DÍAZ DEL VALLE, MARINERO, NATURAL DE COMILLAS

Yo fui alguna vez un hombre fuerte, no esta nave minada por el hambre y el destino. Yo soñé la mansión del agua clara con ración de luz y de penumbra. Yo alimenté mi caballo de niño que galopaba en cada legua, y cada ola arrastró mis destrozos a razón de mi paciencia, a la luz de fuegos milagrosos, de más-tiles encendidos, de palabras de sargazo que guiaron mi nariz hacia la ola, mi cabeza hacia lo hondo de *bodegas interiores,* mi boca hacia una estrella diminuta en la vela anclada—al fin—de un naufragio.

Yo alguna vez fui un hombre fuerte. Con mi bastón extendido atravesé la noche y anclé mi canción en lo hondo de unas hijas, unas olas del todo desconocidas, que soñaban con romper a besos las rocas, con la palabra a la deriva ante el naufragio consumado. Después el estío secó mi mirada, y el hambre devoró tantas veces mi designio. Y me asaltó el clamor de la borrasca, la cólera de un dios que me tendía su mano submarina. Sollocé tantas noches, herido el corazón por el viento, dejando una estela de sangre sobre el mapa de mis derrotas.

Si alguna vez fui un hombre fuerte, qué hago ahora repartido en la ceniza? de quién la voz que hizo ceniza mi sueño? por qué una tabla en lugar de mis ojos?

JUAN DÍAZ DEL VALLE, SAILOR, NATIVE OF COMILLAS

I was once a strong man, not this vessel undermined by hunger and destiny. I dreamed of a mansion of clear water with its allotment of light and shadow. I nourished the horse of my childhood who galloped through every league, and each wave bore my losses, because of my patience, in the light of a miraculous fire, the masts aflame, the words of the Sargasso that guided my route over the waves, my head as deep as wine cellars, my mouth formed into a small star of my finished voyage—to the end—this shipwreck.

Once I was a strong man. With my extended staff I pierced through the night and anchored my song in the hearts of a few daughters, a few waves of the wide unknown, who dreamed of breaking on the kisses of the rocks, in the drift of words before the shipwreck consumed me. After the summer I dried my eyes, and the hunger devoured many times all my designs. It assaulted me, the clamor of the storms, the rage of a god who extended me a subterranean hand. I sobbed for many nights, scraped my heart on the wind, leaving a slipstream of blood over the map of my defeats.

If once I was a strong man, what can now repair my ashes? Whose voice can shape from the ashes my dream? And why is this tablet here in place of my eyes?

DOS MUJERES CERCADAS POR EL ATARDECER

1

—Oh dios, levanta mi cabeza sumergida en este ancho caminar de los abismos. Demonios me han vencido, me han traído su correa de lamento, de fuego alimentado con sangre, hecho pálido desvelo en la llama de una promesa impura, escondida como ando y temblando, entre los árboles, escondiendo mi pecho sediento. Y le doy agua con su boca de mañana, y le doy de comer con su mano escondida en lo hondo de las hojas, en la suya madera húmeda del bosque que recibe mi mancha como una hora de crepúsculo en su guante enrojecido, en mi boca enrojecida, con las paredes echando aire por hablar sin boca ni denuncia. Es todo lo que doy de mí estas noches, tendida a su lado como un río de calores y de sombras transformadas. No tengo otra esperanza más que ver, este día llegando hasta la noche.

2

Hijo, mío amado hijo de piedra, esta cárcel de tierra me aleja de tu mano echada en la marea, de tu voz que viene a cerrar mi sangramiento: estoy lavando tu nombre y disputándolo a los muertos. Y ahí va —dicen los otros— mostrando mi mortaja, mi resto coagulado de alegría. Pero dolor, promesa de mi gozo, aire de mi lecho abandonado y taciturno ¿qué cortó tu respiro, hundido en la espesura de la muerte y de este bosque, ahogado en la rompiente de mi llanto? Yo habría andado por ti hasta las horas más frías, y habría hecho por ti una nave feliz yendo a otras estaturas. Mas ya no puedo estarme quieta, tranquila entre el desvelo y la luz muerta, sabiendo que te llamo y por respuesta hay un coro de palabras no dichas y enterradas, que no tengo otra esperanza más que ver, este día llegando hasta la noche.

TWO WOMEN SURROUNDED BY THE FALLING DUSK

1

—Oh God, my submerged head rises from this wide road of the depths. Demons have conquered me, have delivered me their letter of lament, of fire feeding on the blood, the sleepless pale deed in the name of a jaded promise, disguised, as I walked and trembled between the trees, hiding my thirsty breast. And I gave him water from my mouth in the morning, and let him eat from my hand hidden deep in the leaves, in the wet woods of his forest where I received my stain at the hour of twilight in his blushing glove, in my blushing mouth, with the walls emitting breath to speak without word or reportage. It's all I can offer to my nights, that stretch out on their sides like a steaming river with churning shadows. I have no other hope other than to see this day fading quickly into night.

2

Son, my dear son of stone, this prison of earth keeps me away from your hand tossed in the tides, from your voice that comes to close my bleeding: I am washing your name and debating with the dead. And come here—the others say—showing my shroud, my remains coagulated with happiness. But pain, it promises me pleasure, air from my bed abandoned and sullen. What stopped your breath, sunken in the thickness of death and this forest drowning in the surf of my tears? I would have wandered for you into the coldest hours, and would have made you a happy boat to rise to the heights. Now I cannot be quiet in the sleeplessness and the dead light, knowing that I call your name and for reply get nothing but a chorus of luckless and buried words, I have no other hope than to see this day fading quickly into night.

UN NIÑO PIDE ENCONTRAR LA ESPERANZA

Detrás de la pared de la iglesia
yo pinté el ese barco que yo pido
para Navidad, yo pido cien barcos
entrando en el Puerto antes
que yo sea grande quiero
y también cien barcos de juguete
y un árbol lleno
de cosquillas, de terror.
Pero mejor los barcos y no
más lágrima para mi hermano, ni palabra
de mi madre, sino barcos
ese barco uno, por favor
te prometo, portarme
bien yo quiero
que los barcos
me lleven hasta el sol.
Muchos más barcos quiero
cien más barcos, mejor
que sean mil.

A YOUNG BOY ASKS TO FIND *LA ESPERANZA*

Behind the wall of the church
I painted the boat that I asked for
for Christmas, I asked for one hundred boats
entering the Port before
I grow up I want
one hundred toy boats
and a tree full
of tickles, and terror.
But mostly the boats and no more
cries for my brother, nor word
of my mother, rather boats
that boat, just one, please.
I promise you, I'll
behave, I want
the boats
to carry me to the sun,
one hundred more boats, better still
one thousand.

PANTEONES URBANOS   PANTHEON OF THE TOWNS

PANTEÓN CON
CARTA DE MAREAR
PARA SARMIENTO
EN MAGALLANES

PANTHEON WITH
MAPS OF THE SEA
FOR SARMIENTO
IN MAGALLENES

CARTA DE MAREAR

Cada fragmento, cada resto de este paso cercenado
como vestido funerario entibiado por el sol
e invencible, como un fuego liberado entre grandes ani-
males mudos, extinguido, en una piedra de aire
por un sueño escondido, va en el guante
del origen hasta el río del carbón y del acecho
y de sus fastos amanecen las palabras de la ruta
y las palabras de la ira y de la angustia que dan forma
al corazón, entre constelaciones y basurales constituyén-
dose, haciendo el súbito sonar de la materia condenado.

Hay un despojo de valor entristecido
sabiendo hundida la armadura de quimeras
a mis pies se amontonan, congeladas, grandes
lágrimas, y otras aguas tentativas que de la mía
nacieron, con un hambre tenaz en la planicie
despoblada, como raíces en un paso encarcelado
o el oprobio, de una derrota en las venas del Estrecho
anclada, carcomida
de peces y de óxido.

A MAP FOR THE SEA

Each fragment, each scrap cut out of its passage
like a funeral shroud dried by the sun
and invincible, like a fire running free among large
dead animals, extinguished, in a stone of air
from a secret dream, shoots like a whip
of origin through the river of ash and ambush
and dawns the splendor of the words of the route
and the words of anger and anguish that give shape
to the heart, between constellations and endless
heaps of trash, ringing out suddenly from the condemned
   detritus.

There is a wasted valor that grieves,
knowingly drowned in the armor of pipe dreams
that gather at my feet, congealing, large tears
and other trembling waters that from mine
were born, with a tenacious hunger in the deserted
plain, like roots in an imprisoned past
or in some shame, in some great loss in the veins of the
   Strait
anchored here, rotten
with fish and rust.

EN LA DERRUIDA CIUDAD DEL REY DON FELIPE

Tiempo aquietando en su sombra las
piedras, polvo en la sola detención de sus
párpados, con olor a vacío en la raíz de los
ñires, con tablas deshechas y hierros
y cenizas, y fundamentos mortuorios que aúllan
sin voto, apenas sosteniendo la presencia de paredes
invisibles, deteniendo la fractura, la marea del
tiempo, la carcaza del delirio que reside
en su llanura.

Habitaciones, ventanas, puertas del
terror, que el visitante traspasa con material
inquietud, palabras invisibles pronunciadas por
la herrumbre, como hojas siempre verdes y cuchillos
siempre verdes, hundidos en la presencia del
aire, callados por visiones encalladas en la
riba, mudos senderos transitados por caballos
enjutos, y esqueletos vegetales soñando en la vigilia
confinada cada noche, con la cubierta luminosa
de un barco fantasma.

El pie del tiempo se percibe en su
polvo, se escucha su herradura y su relincho
enfermo, con un trote acompañado de temporales
  marinos
y de maderas crujiendo, hundiéndose en la mar.
No es sino el tiempo crepitando en su pozo
de piratas, tiempo húmedo de sangre, bebiendo
difuso, amontonado y disperso, como una gran
raíz. Sombra de cortezas y plantas
acabadas, y platos servidos, vacíos
y sucios, sombra de ruda figura asomando entre los
árboles, sombra de ahogado que traspasa aquel
designio, y dispara su mirada como una bala
de frío, y escucha con tristeza el pulso rojo
de lo viviente.

IN THE DEMOLISHED CITY OF KING DON FELIPE

A quiet time in the shadow of the
stones, dust in the solitary suspension of your
eyelids, with a vacant odor in the roots of the
nirre tree, with broken slabs, iron
and ash, and the deepest tombs that howl
without vows, only loosely latched to the invisible
walls, suspending their collapse in the tides of
time, the loose shell of delirium that lives
where the prairie ends.

Here are dwellings, windows, doors of
terror, where a visitor crosses in deep
disquiet, through invisible words mouthed by the
rust, like leaves forever green and knives
forever living, these ones drowned in the mere presence
of air, silenced by visions run aground,
mute paths traversed by withered
horses, vegetable skeletons dreaming in their confined
vigil, every night, with the luminous shell
of a phantasmagorical ship.

The footstep of time comes clear in your
dust, listening for your hoof beat and your clogged
whiny, with a trot gathered in sea storms
and forest rustlings, all drowned in the sea.
It is not the fate of time rattling in the well
of pirates, the humid weather of blood diffused and
swallowed, drawn up and dispersed, as through a grand
root. Rather the shadow of ravaged hides and
plants, discarded platters empty
and filthy, the rough shadow of a figure briefly appearing
  through the
trees, shadow of the drowned man who crosses these
grand designs and shoots his glance like a cold
bullet, and listens with sadness to the red pulse
of the living.

Christian Formoso   131

Y dice algo con su boca
desecada, y escucha la respuesta de hojas sin oído
ni cuerpo, lleva un mástil y un cañón dibujados
en su traje, la tarde es un testigo que observa
y calla.

Qué demonio arrastra tal visión
del inmolado, que destila insidiosa su luz
sobre la ráfaga, y atraviesa al visitante como un rayo
la arena?

Mas, el visitante ha apartado
la mirada, del contraste y la ironía del transparente
rostro, expectante y enrojecido por la ignorada
visión, ceniciento en la penumbra de la tarde
ruinosa: sangre roja que abandona
la evidencia, sangre seca, martirio
que invisible, ensombrecida, vuelve muda.

Vieja pared de nombres
y miradas, desmoronada en el verdugo que encadena
su tragedia, vívida y súbita como una hiedra
subterránea, donde estira su vaho y junta viejas
osamentas, con nombres extraviados y hablas
y sollozos, y les conversa, en un largo instante
de presagios, en alfabeto mudo, de una verdad
marchita.

And he seems to say something with his dry
mouth, and listens to the answers of the leaves without
    sound
or body, wearing a mast and cannon sketched
on his suit, the afternoon a witness who observes
and says nothing.

What demon sweeps such a vision
of sacrifice, that oozes such an insidious light
over the squalls, and passes over this visitor like a ray
of sand?

But the visitor has already separated from
his sight, from the contrast and irony of the transparent
face, awakened and shamed by this forsaken
scene, ashen in the half light of the ruined
afternoon: red blood which has abandoned
its evidence, dry blood, martyred and
invisible, enshadowed, returning to silence again.

Old wall of names
and glances, crushed by the cruel master who chained
    them
to this tragedy, vivid and sudden like a subterranean
ivy, where it stretches its breath and joins with old
skeletons, with names lost and speaking
and weeping, and the dead will talk with them in one long
instant of omens, in a mute alphabet, of a withered
truth.

ISLA DAWSON, *MUERTE DEVUELTA*

Marchando cerca de las doce de la noche
del once de septiembre
de mil novecientos setenta y tres en Isla Dawson

ARISTÓTELES ESPAÑA

También campo de concentración
de onas y alacalufes.

JUAN PABLO RIVEROS

1

De altos poderes, humanas llamas de la noche
de contorno, de fosa, de huesa aterida
quedó sembrada esta isla
porque jugó el corazón de niño terror
su boca fusil su bala buen día
tragando palabras hasta que nade nadie
hasta hacer llover, que nadie duerma ni muerda.

Mientras todos hablan bajo la tierra
su boca dice que tiene dos lenguas
que en ambas se dice dolor
de la misma manera
mas muerte, no.

Habitantes migratorios hundidos para siempre
¿dónde dejaron el nombre de esta isla?
levanté las piedras, les preguntó mi barco
si abrí una puerta equívoca, Dios
y se exilió Isla Dawson antes del tiempo
y se afinó su orquesta que toca y toca
la sinfonía del Fin del Mundo
y el coro fueron ustedes, los que lloran bajo las piedras:

ISLA DAWSON, REVOLVING DEATH

walking close to midnight
on the eleventh of September
in nineteen hundred and seventy-three on Isla Dawson

ARISTÓTELES ESPAÑA

A concentration camp as well
of solitaries and Indians

JUAN PABLO RIVEROS

1

From the highest powers, human flames in the night
outlined over common graves, the stiff cold graves
long kept sealed in this island
because it played into the heart of childish terror
(your mouth a rifle, your bullet a good day)
swallowing words until no one can swim
making it rain until no one will sleep or bite back.

Meanwhile everyone talks below the earth
your mouth says it has two tongues
both saying that pain comes
the same way,
but not death.

Migratory inhabitants sunken forever
(where did they leave the name of this island?)
I raised the stones, my boat asked them
if I opened the wrong door, God
and exiled Isla Dawson before it was time
and the orchestra was completed that plays and plays
the symphony of the End of the World
and the chorus was all of you, those who cry below the
    stones:

Sangre fresca en el ojo abierto
primera estrofa
sangre mito revólver culatazo
en el hombro de la tarde.

Mísera orquesta
qué humanas llamas hundieron
sus dos paredes sus dientes grises
porque no canten o no vuelvan
o no sepamos sus nombres?

2

he sentido una luciérnaga al fondo de mis
ojos, su luz al fondo de mis

ojos, sobre corrientes el vozarrón del
martillo, la lengua anterior al

sonido. Debajo de mí estoy boca
arriba, debajo de un santuario mientras saltan

sobre mí, hay un hambre de diez grados bajo cero
a la redonda, pan envenenado para matar

el hambre, mas mi nombre será salvo el día del amor
venidero, y sus nombres *se harán pedazos contra las*

piedras, sí, mi nombre será salvo el día del amor
venidero, y sus nombres *se harán pedazos contra las*

piedras, mi nombre será salvo el día del amor venidero
y sus nombres *se harán pedazos.*

Fresh blood in the open eye
first stanza
myth blood of the revolver recoiling
to the shoulder of the evening.

Miserable orchestra
what human flames sank
their two walls, their gray teeth
because they would not sing or would not return
or we did not know their names?

2

I have felt a glimmer at the back of my
eyes, their light at the back of my

eyes, overflowing the booming voice of the
hammer, the outer language of

sound. Below me I am face
up, under a shrine while they leap

over me. All around there is a hunger at ten degrees
below zero, poisoned bread to murder

that hunger, but my name was saved for the day of love
that's coming, and their names *will be shattered to pieces
against the*

rocks, yes, my name will be saved for the day of love
that's coming, and their names *will be hurled to pieces
against the*

rocks, my name will be saved for the day of love that's
coming
and their names *will be shattered.*

EL PARQUE MARÍA BEHETY RECONOCE HERMOSOS SUS SUICIDAS

1

Desde el hondo estanque, brotada, a veces
seca, va en el beso de la víspera la copa
del anuncio. El viento de las hojas y el argento
de los hielos, afilan en el agua la herradura
de sus reinos. La noche desbocada ensombrece
mis caminos, y el ruido de la sangre
y el brío del granizo.

Es la aurora de un día
no resuelto, una voz
peregrina: no amanece.

2

Entra ahí, enemigo perpetuo
en parte muerto, sonámbulo
en parte, siguiendo la mano
del crepúsculo, la estela funeraria
del canto del sol, solo con ramas y cuentas
en tu frente, quebradas, combado por la llama
y el río de mi sangre, que los días van bajando
tristemente su escalera, a ver las olas muertas
en el fondo de la mar.

3

Acógeme en tu savia, árbol
suicida, más bello que la nada
aquí en mí mismo, más curvada
por el viento tras la rama, veo
mi alma enemiga, ensordecida
escapando al encuentro
de las aguas, creciendo
lentamente en tus raíces.

MARÍA BEHETY PARK REMEMBERS THE BEAUTIFUL SUICIDES

1

From the depths of the lake, rising, at times
dried up, comes the kiss of vespers from the mouth
of the evening. The wind of the leaves, the silver
of the ice, sharpens in the water the horseshoe
of their kingdoms. The overflown night darkens
my roads, and the sound of the blood
and the elegance of the hail.

At the break of day
nothing's resolved, one wandering
voice: nothing dawns.

2

Enter here, perpetual enemy
partly dead, partly
sleeping, following the hand
of the twilight, the funeral star
the song of the sun, left alone with branches and stories
in your forehead, broken, pouring through flames
and the river of my blood, that the days sadly go
   descending
down your stairwell, just to see the dead waves
at the bottom of the sea.

3

Give me refuge in your sap, suicide
tree, more beautiful than any
of the others that hover here with me, more curved
by the wind behind these branches, I see
my enemy soul, deafeningly
escaping its encounter
with the waters rising
slowly up your roots.

Christian Formoso   135

VISITA A PABLO SALDIVIA EN MIRAFLORES

Porque sé es del fin del mundo que aquí
me desterraron
a escuchar las tras ventanas el llamado
de la soga
aparición la del oro
dorada la de muerte
en la adorada pampa, tras
la cortina nube, con
la enfermera palabra.

Verdad que eché mis venas
a nadar en el Estrecho
que de traté cortar cuerda
del reloj tic cuyo tac maréame hasta me hacer
perder la conciencia.

Sigo vivo pero y tan ciertamente
muriendo, en la ventana de frente
Miraflores al Estrecho, y el viento
sin prisa alguna en la no
ventana veo, pues
escucho y cantan sus nombres
en un grande paso muerto, en
la vela de su tarde los que un solo
soplo fueron.

A VISIT BY PABLO SALDIVIA TO MIRAFLORES*

Because I know it is here, to the end of the world
they have banished me
I listen behind these windows to the call
of the noose
the appearance of gold
gilded over death
in the beloved pampas, behind
the curtained cloud, with
my infected words.

It's true that I hardened my veins
to swim in the Strait
that I tried to cut the rope
that clock of endless tic toc which nauseated me until
I lost consciousness.

I'm still living and most certainly
still dying in the window of your forehead,
Miraflores of the Strait, and the wind
rushes nothing in the window
I cannot see, but
I listen and it sings your names
in the grand dead channel,
in the candle of your afternoon which a single
whisper will blow out.

*a mental hospital in Magallenes

PANTEÓN
SUCURSALES

PAVILLION OF
BRANCH OFFICES

INAUGURACIÓN DE LA PRIMERA SUCURSAL DEL LÍDERY DEL MCDONALD'S DENTRO DEL CAMPOSANTO

"MCDONALD'S TUVO SU PROPIA AVALANCHA"
Extracto de Nota—Diario La Prensa Austral,
diciembre de 2004

"Punta Arenas es una tremenda
oportunidad de negocios
porque se trata del cementerio
más hermoso de Chile."

El ejecutivo local
señaló que McDonald's
Cementerio garantiza
calidad y servicio
como en otros países.

En total, el local
de comida cuenta
con 35 trabajadores
todos de la zona.

"Este año proyectamos
45 millones
e dólares de ventas
en Chile y las metas
se van a cumplir."

Agregó que esperan
durante el próximo año
llegar hasta los 50
millones de dólares.

En estos días, el presidente
de McDonald's Chile
resaltó las utilidades
alcanzadas el 2004.

INITIATON OF THE FIRST BRANCH OFFICE MANAGER AND THE FIRST MCDONALD'S INSIDE THE CEMETERY

"MCDONALD'S HAD ITS OWN AVALANCHE"
Extracted Notes—from the Daily Austral Press,
December of 2004

"Punta Arenas is a tremendous
opportunity for doing business
because this is the most beautiful
cemetery in Chile."

The local executive
pointed out that McDonald's
Cemetery guarantees
quality and service
just as in other countries.

In all, the local
food site
has 35 workers
all from the area.

"This year we project
45 million
dollars of sales
in Chile and we will
meet these goals."

He added that they hope
during the next year
to reach up to 50
million dollars.

In these days, the president
of McDonald's in Chile
speculated that such profits
will be obtained in 2004.

"Después de Puerto Rico
Chile es la plaza
con mayor intensidad
competitiva del mundo."

Por ello, la empresa
tiene presencia
en el 97,7%
de los grandes
cementerios chilenos.

"After Puerto Rico
Chile is the most
competitive market
in the world."

For this reason, the company
has established a vital presence
in 97.7%
of all the largest
Chilean cemeteries.

ORO COLORADO EN CONFERENCIA DE PRENSA ANUNCIANDO EL GRAN REALITYEN EL CEMENTERIO DE LA PATAGONIA

El reality será estilo pionero
al estilo de las grandes radionovelas
de obreros y pioneros
 en los años 20
en la Patagonia.

La idea es encontrar la pareja
ganadora, la merecedora
de ser enterrada a orillas
de este Estrecho.

El asunto es portarse como cadáveres
que todas las parejas se porten
como cadáveres, compartiendo
sepulcro, sin salir, durante toda
su vida.

El premio final será una gran tumba
con vista al Estrecho, y visitas
de turistas al sepulcro, amarradas
 a todos los paquetes
promocionales de la Patagonia.

Se suma a esto el nombre de alguna calle
y la conmemoración del ardor de la pareja
bautizando con su nombre un concurso
de poemas a la reina del invierno.

La pareja ganadora
como en todos los realities
será elegida por el público.

COLORADO GOLD PRESS CONFERENCE ANNOUNCING THE GREATEST REALITY SHOW IN THE CEMETERY OF PATAGONIA

The style of this reality show will be
just like the great radio soap operas
of workers and pioneers
of the 20's
in Patagonia.

The idea is to find the winning
couple, the worthiest
to be buried on the banks
of this Strait.

The goal is to behave like corpses,
that is, for every pair to behave
like corpses, dividing up
the tomb, without leaving, for their
whole lives.

The first prize will be a grand tomb
with a view of the Strait, and visits from
tourists to your gravesite, fully linked
into all the promotional
packages in Patagonia.

Added to this, the name of a street
and the commemoration of the passion of the couple
by baptizing with their name a poetry
contest honoring the Queen of Winter.

The winning pair
as in all reality shows
will be chosen by the public.

INTERVENCIÓN ELECTRÓNICA
AL SEPULCRO REALITY
—PROYECTO GANADOR FONDART 2006—

DESCRIPCIÓN DEL PROYECTO:

Consiste en la instalación
de tableros de gran formato
a la entrada de los sepulcros
donde se lleve a cabo el reality.

Los tableros serán pintados
con secuencias de números
y escenas de indios cortando
orejas a las ovejas.

Frente a cada panel
habrá una escala dispuesta
y una cámara fotográfica

que retrate a los que suban
que verán una pantalla
a través de un agujero.

En la pantalla una mujer
de tres pechos, desnuda
bailará frente a un grifo
cubierto de orejas de indio.

También habrá un DJ
desnudo, mezclando canciones
de discos en forma de oreja

que podrán ser escuchadas
usando una serie de audífonos
colgados de la escalera.

La mujer cada 1 minuto
simulará matar al grifo

ELECTRONIC INTERVENTION OF
TOMB REALITY
—PROJECT WINNER, FONDART 2006—

DESCRIPTION OF THE PROJECT:

Consists of the installation
of large-format signage boards
at the entrance to the cemetery
where reality is carried out.

These boards will be arranged
with sequences of numbers
and scenes of Indians cutting
off the ears of sheep.

The front of each panel
there'll have a ladder ready
and a camera

that will take portraits of those who
climb up to see the screen
through a hole.

On the screen a woman
with three breasts, naked,
will dance in front of a fire hydrant
covered with ears of Indians.

There will also be a DJ,
naked, mixing songs
of discs in the form of ears

so they may be heard
using a set of headphones
hanging from the ladder.

The woman every minute
will simulate the murder of the hydrant

con un arco de soldador.
Al bajar la escalera
la persona recibirá
una foto de sí misma
matando a un indio.

with a welding torch.
After descending the ladder
each person will receive
a photo of the themselves
murdering an Indian.

MURGA POPPER CARNAVAL DE INVIERNO
—PREMIO MEJOR MURGA 2006—

Extracto artículo revista "Empresa Privada"

Lo mejor del Carnaval, sin duda
fue la murga de los
participantes y ex
participantes del reality.

Al ritmo de la música
de *Corre Guachín*
los artistas
disfrazados de pioneros
de obreros y de indios
repartían alegría
y hojas con poemas
de autores locales.

Cada cierto tiempo
al sonar una explosión
la música se detenía
y entonces, los vestidos
de pioneros simulaban
fusilar a los obreros
y cortar a los indios
las orejas.

Tras la matanza de, diríamos
un minuto, se escuchaba el *Canto
a Magallanes*. Y los que habían
sido muertos
se levantaban para vengar
sus asesinatos.

Era realmente conmovedor
ver el espectáculo.

La voz de Ferrer ponía

THE POPPER DANCE WINTER CARNIVAL
—FIRST PLACE DANCERS, 2006—

Extracted newspaper article "Private Company"

The best thing about the Carnival, without a doubt
was the band of those
participants and ex-
participants in reality.

To the beat of the music
of *Corre Guachín*
the artists,
disguised as pioneers
workers and Indians
handed out happiness
and sheets of poems
by local authors.

From time to time
there sounded an explosion
the music stopped
and then, those dressed
like pioneers simulated
the execution of the workers
and the cutting off of ears
of the Indians.

Soon after the slaughter, they told us
wait a minute, you could hear *The Song
of Magallanes*. And those who
had been slain
rose up to take revenge
for the assassinations.

It was a really
moving spectacle.

The voice of Ferrer made

al público pelos de punta
mientras la gente fotografiaba
y aplaudía.

everyone's hair stand on end
while the people took pictures
and applauded.

PANTEÓN HOGAR DE CRISTO   PANTHEON FOR THE HOUSE OF CHRIST

MARCOS GODOY
QEPD

Hijita no perdonas ni aún en la desgracia
de no verme, sentado en la mitad
de mi andar, primero se me fue el pie
hasta el tobillo, luego la pierna
me la cortaron entera, no viniste ni a eso
cuando te avisaron.

Ahora estoy pintado sobre la silla
sin ruedas, los viejos alrededor
son dibujos arrugados, escucho el vacío
de mi media y mi rodilla, converso con mi zapato
bajo la cama, vacío. Vacía está la silla
en la que estoy sentado.

No vienes hijita aunque te llame
con pan, con el sonido del pan venías siempre
corriendo, yo sólo tenía para darte
ese sonido, te comías eso, me besabas
las manos, me decías gracias, de hambre
te moriste, me dijeron, papá.

Desnutrida por sonidos duros
me dijeron, los encontraba blandos y frescos
yo les dije, en la morgue me entregaron tu pedazo
de pan, te llevaron en carroza y te veías
muy linda. Yo caminé en mis dos pies
por ti, por tu velorio.

Luego cerré tu ataúd para que no
te endurecieras, que nadie se acerque le pedí
a ninguno, nadie te miró siquiera
por probarte, nadie te dijo
ni buenas noches mi pan.

No perdonas ni porque me ves
sentado, porque me ves de espaldas o de pie

MARCOS GODOY
QEPD

Little daughter you do not forgive, not even in the
    disgrace
of not seeing me, sitting in the middle
of the sidewalk. First my foot and then
my ankle, then they cut off my leg
entirely. You did not come back
when they warned you.

Now I am painted on my chair
without wheels, and the old ones all around
are sketches of wrinkles. I listen to the emptiness
of my socks and my knees, talking with my shoes
below my bed, empty. Empty is the chair
in which I am now sitting.

You do not come, little one, although I call you
with bread. At the sound of bread you always
came running, I only had to make
that sound, and you'd eat like this, kissing
my hands, telling me thanks, they told me
you died of starvation, papa.

We feed you so little, with stale sounds,
they told me, in the grave you'll receive the soft and the
fresh
I told them, in the morgue they gave me your piece
of bread, they carried you in a coach and you looked
so pretty. I walked on my own two feet
for you, in your wake.

Later I closed your coffin so that
you would harden no more, so that no one approaching
would ask for anything, so that no one would even think
to try you, no one would tell you
not even good night, my bread.

en singular, después te fuiste y me cortaron
la pierna, y yo me dejé por ti
como ofrenda, pero tú no viniste
ni porque estaba callado.

Ahora espérame en la puerta del
cementerio, salgamos a la plaza a pedir
pan fresco, te acuerdas que trabajaba pintando
sepulturas, ahora puedo pintar
sepulcros por dentro, ahora hasta a cambio
de un pedazo pan.

Tengo cien pesos para pasar
la noche, pero te compro una hallulla
del porte del mundo, y mi silla
y mi lengua, y mi pierna cortada
y la noche llamando se hacen
trozo de pan.

You do not forgive, not because
you see me sitting, because you see me from the back
or standing by myself, later you left and they cut off
my leg, and I left myself for you as an
offering, but you would not visit
because by then you were silent.

Now wait for me at the door
of the cemetery, we will go down to the plaza to ask
for fresh bread, and you'll remember that I used to work
painting the tombs, now I can paint them
from the inside. Now in exchange
for a piece of bread.

I have a hundred pesos to spend
tonight, but I will buy you a loaf of hallulla
the size of the world, and my chair
and my tongue and my severed leg
and the night itself calling, made
of a slice of bread.

CLAUDINA MALDONADO
QEPD

Tres preguntas, le voy a hacer tres
preguntas y que después se vaya, qué
se cree, qué voy a rogarle, nunca
a nadie, voy a hacerle tres preguntas.

Lo he pensado mucho y no
a decirle tres nada, le voy a pedir
que se vaya, si viene le voy
a pedir que se vaya, si viene

Cien pesos que me deje, es todo
algo que deje y que se vaya, cien
pesos para la noche y plata
para cigarros, y que me deje sola.

Yo iba a hacerle tres preguntas
pero eso es humillarse, y yo no
quiero nada de ese hombre, cuando
venga, le voy a decir, cuando venga

Tengo tres preguntas para hacerte, tres
preguntas, tres palabras, cien
pesos, tres palabras de a cien, sólo
tres palabras que me diga y que se vaya.

Cuando llegue yo no voy a estar, mejor
que no venga, lo voy a estar esperando
con tres preguntas, cargadas
tres palabras que decirle, tres
letras por decirle, que no me vea así
tan despeinada, que no me escuche así
son tres palabras

Son tres sonidos bajando, los dos
con tres palabras, tres estrellas bajo techo
tres palabras colgadas, de la punta

CLAUDINA MALDONADO
QEPD

Three questions, I am going to ask him three
questions and then leave, what
does he believe, what, am I going to beg him, nothing
from anyone, I am going to ask him three questions.

I have thought a lot about it, and I'm not going to
ask him three of anything, I will ask him
to go, if he comes I'm going
to ask him to go, if he comes

The one hundred pesos he left me is all
that he left and he's going, one hundred
pesos for the night and the money
for cigarettes, and he's leaving me alone.

I was going to ask him three questions
but that's humiliating, and I want
nothing from this man, when he
comes, I am going to say, when he comes

I have three questions to ask him, three
questions, three words, one hundred
pesos, three words for a hundred, only
three words to tell me and then go.

When he comes I am not going to be there,
better that he not, I'm going to be waiting
with three heavy questions
with three words to say to him, three
letters to tell him, that he not see me
so desperate, and not have to listen to me like this
with my three words

There are three sounds dropping, these two
with three words, three stars below the roof
three heavy words, at the end

de la cama, tres preguntas ahorcadas

Lo he pensado mucho y no
a decirle tres de nada.

of the bed, three questions still hanging

I have thought a lot about it, and
I will not ask three of anything.

PANTEÓN BAR
SOCIEDAD DE
EMPLEADOS

PANTHEON OF
THE CAFÉ SOCIETY
OF EMPLOYEES

VÍCTOR HERNÁNDEZ ROMPE SU COPA ANTE ESTA TUMBA

qué copa aquí contra mí frente
deja escaras por cobrar mi testamento

qué botella afilada tuvo escrita
al gollete su unción de óleo pagano

qué decía el temblor de la etiqueta
cuando viejo deletreé mi biografía

mi propia receta de madera
y cerrojo forjado en hierro noble

para hacerme mejor ya con los años
como el vino, sin perdón, bajo la tierra.

VÍCTOR HERNÁNDEZ SMASHES HIS GLASS BEFORE THIS TOMB

what glass here against my forehead
leaves scars to redeem my testament

what sharpened bottle had this written
its neck anointing my pagan image

what did it say the quake of the label
when I was old I interpreted my biography

my own prescription in the wood
and my bolt forged in fine iron

in order to make me better than my years
like the wine, without forgiveness, below the earth.

SIETE GENDARMES Y UN MUCHACHO MUERTO
—Habla el muchacho—

aún relumbran los cuchillos y los ojos
y el estero de la sangre aún se desborda
y es perpetuo el salto con que esquivo
la promesa empuñada de quietud

mas ni salto ni sellado me responden
qué distancia no me abrió la cuenta impaga
y qué deuda contraída fue saldada
con creces por la hora de no ir

relumbran los cuchillos mas mis ojos
no relumbran por hacerse transparentes
por haberme en los cuchillos ya leído
las veladas instrucciones del azar

sin ánimo de salto ni de sombra
mi ánima maneja en la corriente
la oscura detención de sus deseos
mas no la persistencia de mi sed

relumbran más cuchillos en mis ojos
y el vaso de la tierra que me sorbe
la raíz, la arboladura de mi boca
lo vuelcan y lo llenan noche a noche

SEVEN POLICEMEN AND ONE DEAD MAN
—spoken by the man—

they still gleam, the knives and the eyes
and the estuary of blood still overflows
and they are perpetual, the falls that evade
the long promised grasp of quietude

neither leaping nor sealing they answer me
from a distance where I cannot open the bill
and the contracted debt that comes due
with interest for all the time unpaid

they gleam the knives but my eyes
do not shine to make things clear
by allowing me to read in them
the muffled instructions of fate

without a life of leaping or shadow
my soul manages the current
the obscure detentions of its desires
no more persistent than my thirst

they gleam all the more the knives in my eyes
and the glass of the earth where I sip
at the roots, the rigging like a ship that in my mouth
overturns and fills night after night

Christian Formoso   157

TRANSICIÓN
SECTOR CAMINO
ÚLTIMA ESPERANZA

TRANSITION
ALONG THE ROAD
TO ULTIMATE HOPE

ANIMITA KM. 24

Yo dije que estaba sentado pero mi sombra legaba otra paciencia, arrojada entre los duros caminos, escritos todos y sellados, plantando mi certeza con la mano cortada, con la respiración cortada en trozos del tamaño de mi recuerdo. Y andando hacia atrás pensé estar cerca del lugar más seguro, cerca de la vuelta ensombrecida, pasmada lentitud y resistencia, creciendo en lentitud. Entonces quedé aquí sin ir ni venir, siempre yéndome hacia abajo, como naciendo, como rompiendo la marea, la ola mordedura, la callada trepadora de mano fría. Todo para quedar así tendido, dejando secar mi voluntad, con el pastizal amarillo de mi lengua que entra en el silencio convenido de antemano, en la madera contratada a la hoja vespertina, a la tallada ceremonia que se estira con mi fémur, sin hilván ni tendones, pura velocidad, pura inercia en mi mala medida, en el mar de las curvas agitado, reproduciéndose en mis cabellos, con la sonrisa de la curva también reproducida, en mi mueca toda dientes, sin mejillas.

ANIMITA* K.M. 24

I said that I was merely sitting down but my shadows offered me another patience, cast across the hard roads, all written and sealed, plotting my certainty with a severed hand, with breath cut into such small pieces of my memory. And walking backwards, I thought to reach the place of surest safety, close to the overshadowed turn, slowly and reluctantly stunned, and rising slowly. Then I stayed there without going or coming, always working down, almost like being born, like breaking into the tide, the stinging wave, the silenced trellis of the cold hand. Giving everything to lie here so, giving up my will, with the yellow pasture of my tongue that enters into the comfortable silence beforehand, into the wood itself in contrast to the evening leaf, as in the sculpted ceremony that stretches with my femur, without edging or tendons, pure velocity, pure inertia in my distorted proportions, in the sea of turbulent curves, caught here in my curls, with a smile that curves as well, caught here in my face with only teeth, without living cheeks.

* **animita = little roadside shrine**

ANIMITA A ORILLAS DEL CHORRILLO ESPERANZA

A mi hermana dulce que detuvo su señuelo y que despierta cada día en un lugar abandonado: aquí dejamos su seña: la seña nuestra para volver, perdidos nosotros en desconsuelo: aquí dejamos el testimonio: se levantó de entre los muertos y entre los no nacidos, y salió de entre las sombras como carne de cañón.

Ella hermana, dulce llamarada sobre la berma, no se escribe con tu voz el nombre ensangrentado que secamos, no se escribe la palabra que duerme en el lecho del río, la palabra hundida en este tránsito, el acento que brilla en su fondo y quema su forma sobre tu mano extendida, esa palabra en pedazos y arrastrada en la corriente que aún se escucha de tu boca y llena mi boca de sangre, y llena todo de amargo, de tristeza hermana, al fin, conoces ahora el secreto que un día compartiremos.

ANIMITA AT THE SHORES OF TRICKLING HOPE

To my sweet sister, who dropped her lure and woke up each day in an abandoned place: here we abandoned our address: the address where we would return, lost as we were in grief: here we abandoned our evidence: it arose between the dead and the ones not yet born, left between the shadows like cannon fodder.

Sister mine, so sweet on the side of the road, do not write with your voice the blood-stained name that we dried, do not write the word that dreams in the riverbed, the hidden word in this passage, the accent that sparkles in the depths and burns its form over your extended hand, this word in pieces dragged along in the current that still is heard in your mouth and fills my mouth with blood, and fills everything with bitterness, my sad sister, in the end you know the secret that eventually we'll share.

ANIMITA MONUMENTO AL VIENTO

Le decía que no, que el origen estaba en lo quieto, en lo in-móvil, lo inanimado, lo sin nombre. Y Él así, como se abre el día en la boca del día. Y decía con su ritmo: *yo me voy a descubrir solo frente a la tarde*, cuando bajaba en la sombra, en la penumbra cansada que va bajando y bajando.

Entonces, qué dije entonces? que fue así cuando me hizo santo. Y tuve deseo y mucho deseo. Y le juro que hablé con Él. Y Él me dijo así, ves tú? sabes del viento? hacer del vien-to tu voluntad? hacerlo quieto? dijo, como a ti te han hecho vivo, tu sangre dijo, corriendo, transparente, corriendo así de quieto todo el día me quedaba, todo el día con la corona cerrada y el perdón cerrado, y Él con sus ojos abiertos todo el día, toda la noche sobre mí, y yo yéndome lejos, para siempre, sin moverme.

ANIMITA MONUMENT TO THE WIND

I told them no, that the source was in the stillness, the immovable, the inanimate, that which is without name. And He as well, as if he opens a day in the mouth of the day. And he said with his particular rhythm: *I am going to unveil to you now only the opening of the afternoon*, when I drifted into the shadow, in the quiet half-light that descends and descends.

Then, what else did I say? That this is how it was when I was blessed. I had desire and then more desire. And I swear that I spoke with Him. And He spoke with me as well, do you see? do you know the wind? have you made the wind your will? made it still? He said, as you have lived so will you live, your blood spoke, running, clear, flowing in the stillness. The whole day I remained, the whole day with a quiet crown and a quiet mercy, and He with his eyes open all day and all night above me, and me striving, so far away, forever, never moving.

**GOLPE EN LA VENTANA DEL
CAMINO ÚLTIMA ESPERANZA**

Breve planicie del oro imaginario
diente con diente la boca del frío
la hora clava su hacha pasajera
y es mi crudo respiro el que se parte.

Ni sobre el cielo hay una mano piadosa
sí todo el soto mineral bajo tu puerta
pues el frío no alimenta con la sombra
que desplaza, sin ti, tras de tus pasos.

La nube gris, en cambio, se te queda
y un vivo muerto te traspasa con su hambre
y muchos huesos con sus nombres colgados
hay en la puerta ensangrentada de tu fosa.

Pero un héroe es más que un dios en la planicie
aunque la hoz de sus pies ya no de lumbre
ni aturdido de cuando en cuando en un rayo
de sol caiga de bruces con el oro.

Mas en el fondo del llano ya asomaron
sus mecanismos los relojes de la aurora
guanaco blanco de la sangre endurecida
en la mampara de la cólera del pobre.

Cien años son dos ojos en un rostro
que desde el fondo de tu boca se despide
cuando se vuelve ceniza en la ceniza
o es una mancha un puro hombre derribado.

Pues adivino que viene con la barca
 encadenada a la sangre su respuesta
y a la boca aplastada en el estiércol
que hilaba el puro lenguaje de la sangre:
El golpe sordo de un muerto en la ventana
de este buque de hombres ya sin canto.

**KNOCK AT THE WINDOW ON THE
ROAD OF ULTIMATE HOPE**

Brief plain of imaginary gold
tooth after tooth in the mouth of the cold
time wielding his fleeting axe
and it is my drunken breath that cracks.

There is no pious hand in the sky
nor in the mineral copse beneath your door
so the cold does not nourish the shadow
that shifts below, without you, following your steps.

There is a gray cloud, in turn, that keeps you
and a living-dead to whom you transfer your hunger
and many bones with their names suspended
in the blood-stained door of your grave.

But a hero is more than a god on the plain
although the sway of your feet no longer carries fire
nor stands stunned, from time to time, in a ray
of sun fallen face down with its gold.

But here in the depths of the plain appear
its mechanisms, the clocks of the dawn,
a white guanaco from the hardened blood
in the walled anger of the poor.

One hundred years are two eyes in a face
that from the depths of your mouth emerges
when it returns from ash into ashes
or the stains that brought a pure man down.

Well I guess it comes with the boat
riding on the blood of its answer
and to the mouth smashed in the dung
that once spun the purist language of our blood:
the deaf knock of a dead man at the window
of this ship of men now without song.

PANTEÓN
POSTALES DE TURISMO

PANTHEON OF
THE POSTCARDS OF TOURISM

LA IMAGEN ES UN FRAGMENTO RECORTADO DE LA MIRADA, el amarillo sacado de contexto parece estar sobrepuesto a un infinito posible llevado por la lente, los viajeros van en la ruta como un collage hacia el fondo de la retina. La Van vuela sobre los viejos sepulcros, el agua y el mineral que la enraíza se mueven dentro de un recipiente. Veloz debe ser el tránsito sobre estos paisajes, dos semanas de visitar sepulturas para llevarse un recorte a casa, un gesto de melancolía mezclado con palabras y lenguas de mil bárbaros, la Quinta del Sordo viva y recomponiéndose. Uno el alquitrán de las ruedas y el destello de la cámara, la risa en la mano levantada y el sombrero de cazador volado por el viento. La quietud de la Quinta permanece, la Van vuela a 100 por hora sobre las lozas amarillas, el recorrido de parte del collage montados en bicicleta, el recepcionista del hotel revisando las viandas despejadas. La quietud permanece al fondo con su amenaza invisible echada sin piedad sobre el vaho del sueño. Sólo los búhos de Magallanes se rebelan a esa quietud. La mañana traerá el desquiciamiento de la sangre y el cadáver de las liebres, restos para el carancho sorprendido por el flash, obligado a dejar su presa por la rueda en el camino, para volver a alimentarse de la fresca quietud. Dentro de la Van va el carancho detenido, capturado a medio vuelo. Afuera el guanaco despedazado por el hambre muestra la enrojecida floración de sus entrañas. Su quietud se hizo movimiento continuo para el puma, y al mismo tiempo quedó encerrada dentro del flash. También el vuelo del cóndor bajo el cual la Van se detiene, todo almacenado detrás del destello, aquietado ahora a voluntad en la eternidad del instante congelado. Más allá, la sangre a un costado de la berma, una doctora abriendo la boca de un hombre y ayudándole a respirar. La doctora pasa sus dedos sobre la lengua de esa boca. Salen con ellos todos los dientes del que apenas respira. *My gosh!* dice ella, mientras lo cambia de posición. Luego sube a la Van. A fondo el acelerador. Cien por hora sobre el ripio amarillo de los sepulcros.

THE IMAGE IS A FRAGMENT CUT OUT OF SIGHT, the yellow in context appears to be superimposed on the infinite possibilities taken by the lens, the travelers follow the route like a collage made deep in the retina. The Van flies over the old gravestones, the water and the minerals that take root to shift inside the recipient. Quiet must be the passage over these landscapes, two weeks to visit gravestones to take home a scrapbook, a visage of melancholy mixed with the words and tongues of a thousand barbarians. Goya's mansion, La Quinta de Sordo, comes alive and dresses up. The spark of camera blends with the pitch of the wheels, the laughter of the risen hand with the hat of the hunter flying on the wind. The silence of La Quinta pervades it all, the Van flies at 100 miles per hour over the yellow tiles, the route of a collage propped on a bicycle, the hotel receptionist looks over the array of snacks. The silence lingers in the depth with its invisible threat so rudely tossed over the mists of the dream. Only the owls of Magallanes rebel against the quiet. Morning will fall quietly in the blood and corpses of the hares, remains for the vulture suspended in the flash, forced to abandon his prey by the noise of the road, to return and nourish himself in the restored silence. Inside the Van goes the frozen vulture, captured in midflight. Outside the guanaco, slaughtered by the famine shows the reddened flowering of its entrails. The silence displays the continuous motion of the puma, and at the same time remains sealed inside the flash. Also the flight of the condor under which the Van stops, everything stored behind the flash, silencing now the will of eternity in the frozen instant. And further off, the blood of an ancestor on the side of the road, a doctor opening the mouth of a man and helping him to breathe. The doctor passes her fingers over the tongue of this mouth. Out come all of them, all of the teeth of one so scarcely breathing. *Dios mío!* she says, while changing his positioning. Then goes up into the Van. Full speed ahead. 100 miles per hour over the yellow rubble of the graves.

TUMBA PINGÜINERAS

Primer desvío a la izquierda sobre Kon Aiken, que en lengua tehuelche quiso decir *Lugar de Viento*. El camino cambia abruptamente, ya no es la lápida suavizada del rápido transcurrir, la Van acelera sobre los cuerpos más viejos, piedras debajo de la Van, se escuchan piedras y recibe el polvo sus visitantes aún móviles. *Estamos a una hora más o menos de la Colonia de Pingüinos*, dice el guía. Los viajeros asienten y miran el amarillo y el azul y el gris y el todo moviéndose afuera a un mismo tiempo. Ñandúes se divisan a poca distancia, ovejas y vacunos y ñandúes posan para el collage escala humana; a parejas las fosas sobre el camino, la mano del conductor aferrada sobre el volante— que algunos reconocen, es un anillo de compromiso—. La velocidad se reduce cuando pasamos frente a una mina de carbón: un barco recibiendo su carga de 35 millones de años. La Van acelera sobre los cuerpos más viejos. Desde la ventanilla resplandece el dorado sobre la arena del seno Oatway. Cuatro latones parados simulan la forma de una casa, pero el guía dice que eso no es una casa, que es una rancha para los pescadores y los recolectores de luga. Los viajeros saben que aquello no puede ser una casa. Retratan el sopor del ranchito frente al dorado del alga. La Van acelera de nuevo sobre los cuerpos más viejos, se escuchan nuevamente las piedras. *Legamos a la Fosa Colonia de Pingüinos. Los pingüinos solían volver desde el sur de Brasil, antes de quedar pegoteados en medio del petróleo del Estrecho.* Los viajeros cruzan la puerta de acce-so, caminan contra el viento sobre un sendero de maderas y sogas. Se detienen, miran las madrigueras, las fosas cavadas en el suelo, toman fotografías de todo. Permanecen media hora.

GRAVE OF THE PENGUINS

First veer left north of Kon Aiken, that in Tehuelche language would be called *Place of the Wind.* The road changes abruptly, now it's not gravestone smooth for rapid transit. The Van accelerates over the ancient dead, the stones below the Van, stones that listen and take in the dust of the tourists moving on. *We have an hour more or less to the Colony of Penguins, says the guide.* The travelers nod and look at the yellow and the blue and the gray and all that outside moves in unison. They make out rheas at a short distance, sheep and cattle and rheas lying down for a human scale collage; a pair of graves over the road, the hands of the driver grasp the steering wheel—and some of them notice, a kind of little engagement ring—and they slow down as they pass in front of a coal mine: a ship receiving the cargo of 35 million years. The Van accelerates over the ancient bodies. From the little window shines the gold in the sand of Seno Onway. Four tin walls appear to make a house, but the guide says it's not a house, just a hut for the fisherman and the sheepherders. The travelers know there could be no house here. They conjure a drowsy little ranch in front of the golden shimmer of the seaweed. The Van accelerates anew over the oldest of the dead, and the stones listen with new ears. *We arrive at the grave of the Colony of Penguins. The penguins used to return from southern Brazil, before they become mired in the midst of oil in the Strait.* The passengers cross through the gate of entry, walk against the wind on the path of wood and ropes. They stop, look at the burrows, the crevices dug in the ground, take photographs of everything. Stay for half an hour.

TUMBA TORRES DEL PAINE

Circuito muertos ilustres sobre la sepultura Paine. Sobre los cerros, los que trataron de sobrevolar la cordillera, fallas de aviones y otros elementos precarios. Bajo los cerros el pillaje, las correrías sobre caballos que dieron forma a valles y quebradas, saltos de agua, cursos fluviales y acordes lacustres. Más tarde, tuberías y pozos de hoteles y campamentos. Música sobre el sepulcro Paine. Los visitantes pagan por escuchar esa música. Las Van se detienen en el mirador y apagan los motores. Los viajeros permanecen en silencio. Los coros de quemados se escuchan *como en una canción de Edith Piaf*. Salen desde fosas ardiendo sobre y bajo los cerros. Día y medio de-moran las Van en recorrer esas fosas. Día y medio dura la oscuridad traída por el humo de las voces. Durante ese tiempo, los zorros—como si fueran palomas—reciben el pan de los viajeros, y los guanacos machos guían sus manadas lejos del humo. Desde las Van los viajeros asienten y miran la película del paisaje 3-D. El humo abre en el cielo grandes círculos, los círculos se hacen voces, las voces sepulcros y luego grandes concentraciones de gente: pañuelos quemados bajo chorros de agua, llamas que suben y bajan los cerros.

THE GRAVE OF TORRES DEL PAINE

The circuit of illustrious dead over the grave of Paine. Over the hills, those who attempted to fly above the cordillera, the failed planes and other precarious elements. Below the hills, the pillaging, the raids on horses that gave shape to these valleys and fires, waterfalls, fluvial currents and the final chords of lakes. Much later, pipelines and wells for hotels and campgrounds. Music over the grave of Paine. The visitors pay to hear this music. The Vans stop at the overlook and shuts off their motors. The passengers remain silent. They listen to the choruses of fires *as if to a torch song of Edith Piaf.* Choruses that rise from burning scattered graves above and below the hills. For a day and a half the Van delays in its travels over the graves. For a day and a half the darkness remains, brought by the smoke of the voices. During all this time, the foxes—as if they were pigeons—receive bread from the passengers and the macho guanacos lead their flocks far from the smoke. From the Van the travelers sit and watch the film of their journey in 3-D. The smoke opens into the sky in vast swirls, swirls that make voices, the voices of the graves, and later vast gatherings of people: burning banners below jets of water, flames that rise and fall over the hills.

TUMBA CEMENTERIO DE LOS MILODONES

Última Esperanza, camino lateral. Las Van llegan hasta Sierra Baguales, previo avistamiento de los restos "Cueva del Milodón." Desde ahí, dos horas caminando en dirección oeste. El trayecto se ha transformado en un senderomuseo, escala real, de especies extintas. El guía da detalles de los hábitos del huemul, la densidad de la corteza de la lenga, la leyenda del calafate, el porqué de la coloración en otoño del *nothofagus antártica*. Los viajeros asienten y la marcha continúa. A mitad de camino se hace un alto para un café. Otros 45 minutos de caminata hasta llegar a la cima de un cerro pequeño. Desde ahí se observa, cruzando una breve planicie, la escarpada ladera de otro cerro. El guía dice *ese es el cementerio que buscamos*. Los viajeros asienten y se apresuran en bajar. Cruzan la pequeña pampa y llegan a una abertura entre dos rocas. Ante ellos se abren las fauces aún rojas de los milodones, sus lenguas secas pero aún humeantes, los restos conservados con sus pieles intactas. Los viajeros se acercan hasta el borde permitido. Uno a uno los recorre un gesto de estupor mezclado con palabras, uno el crujido de huesos y el destello de la cámara, la risa en la mano levantada, el sombrero de cazador volado otra vez por el viento. La quietud de la pampa permanece, dos semanas de visitar sepulturas y el último recorte para llevarse a casa. Es sólo que esta vez la caminata se hace más larga de regreso, y los viajeros demoran el último cigarro antes de subir a la Van.

TOMBS OF THE CEMETERY OF LOS MILODONES

Ultimate Hope, a side road. The Van goes as far as Sierra Baguales, after catching a glimpse of the remains of "the Cave of Milodón." From there, two more hours of walking to the west. The route has transformed into something of a museum-path, on a realistic scale, of extinct species. The guide details the customs of the huemul, the thickness of the bark of the lenga, the legend of the calafate, the reason for the autumnal color of the *nothofagus antártica*. The travelers nod and the march continues. In the middle of the walk there is a break for coffee. Another 45 minutes of walking to arrive at the top of a small hill. From there one can observe, crossing a small plain, the steep slope of another hill. The guide says, *that is the cemetery we have been looking for*. The travelers nod and then hurry down. They cross a small pampa and arrive at a gap between the rocks. Before them, the milodones open their jaws, still red, their tongues dry but still smoky, the remains preserved with their skin intact. The travelers come near to the edge of permitted access. One by one they make gestures of stupor mixed with words, blending the crunch of bones with the flash of the camera, the laughter of the rising hand, the hat of the hunter again blown off by the wind. The silence of the pampas remains. Two weeks to visit graves and in the end claim something to bring back to the house. Only this time it has taken much longer to return, and the travelers pause for a last smoke before climbing back into the Van.

SECTOR
POEMAS
A CAMBIO
DE LÁPIDAS

SECTION
OF POEMS
IN PLACE OF
HEADSTONES

CANTOS FUNERARIOS
DE MUERTOS
TRANSEÚNTES

FUNERAL SONGS
OF THE DEAD
BYSTANDERS

LEONARDO GARCIA
† 28/III/1953

La raza, la especie, la miseria
el poder que bajó de los árboles
de ramas hice mi aburrimiento
lo feroz a una hora aún ahora.

Todos saben
todos llevan hace tanto
el corazón por los suelos.

Oh, lengua destructora
ni poesía, mi dios
no creo nada.

Moriría, para ensuciar el mundo.

LEONARDO GARCIA
† 3/28/1953

The race, the species, the misery
the power that below the trees
of branches made my tedium
grow fierce from the first to the final hour.

Everyone knows
everyone has dragged for so long
their hearts across the floor.

Oh language disintegrated
beyond poetry, my god
I believe nothing.

I would die to defile this world.

MIGUEL BAVIC
† 9/V/1955

Día a día el oído afino
y el ojo se aja
y estremece la carne.
Día a día
el tiempo entra y sale
de mi carne y del río
y del mar amarillo
y del mundo
y del monte
reventando de tanto muerto
porque algo se levanta
cuando todo debiera
usted sabe
hundirse.

Recuerdo, hay un barco
que tomamos, decías
que lo que importa
qué importa
es el viaje
dime ahora cómo
se dice yo, decías.

¿Y el pájaro muerto
suspendido en los ojos
cuando llamaba la noche
en un silbo negro?

Te preguntaba porque quería
ser el doble del mundo
y el corazón, también.

Botón gris, luz amarga, miel
alimento sin fulgor, tú
oh, Padre mudo
sangre de mi tarde

MIGUEL BAVIC
† 5/9/1955

Day by day the ear refines
the eye fades
and the body shivers.
Day by day
time enters and leaves
my flesh and the river
the yellow sea
the world
the mountain
bursting with so much death
because something arises
when everything should
as you know
sink.

Remember, there is a ship
that we take, you used to tell me
that what is important
what is important
is the voyage
Tell me now
how do you say "I"? you said.

And the dead bird
suspended in your eyes
when you called to the night
with a black whistle?

I asked you why you wanted
to be the double of the world
and the heart as well.

Gray button, bitter light, honey
food without splendor, you
Oh dear Lord,
blood of my evening

te busco en la cima
en lo oscuro
en la vegetación terrestre
la floración encendida
en el aire y el agua
y el pie de la ceniza.

A esto entrego los días, el oído
y el ojo afino
mientras una avalancha de sangre
en el cielo
recoge la llama de todos
que se humillan y hablan
sin saber.

Porque caro
es el precio de la conciencia
bufo
el de la muerte.

I look for you in the heights
in the dark depths
in earthly vegetation
flowers aflame
in the air and water
in my feet of ash.

To this I give over my days, my ears
and my eyes attuned
while the avalanche of blood
in the sky
gathers all the names
that humble themselves and speak
without knowing.

Because high
is the price of conscience
and nothing
that of death.

ANDRÉS MUÑOZ
† 10/I/1990

Tránsito se dice
conservad el espíritu
la piedra
las galerías
las catedrales contemporáneas
con madres
con horrores
con música, como oír el espectro
abierto de una sombra
arpegio que mutile la quijada
la carrera
escalera como al tiempo
la manzana y la boca
y la calle el respiro
el aire tan pobre, tan pobre
heridos de muerte nos llenan el buche
lo santo es de otro tiempo
un hombre es un hombre
a veces.

ANDRÉS MUÑOZ
† 1/10/1990

Come, they say
conserve your spirit
the stone
the galleries
contemporary cathedrals
with mothers
with horrors
with music, as if to hear a specter
open itself inside a shadow
an arpeggio mutilated on a jawbone
the race
stairs like time
the apple and the mouth
and the street the breath
the famished air, the famished air
wounded by death till our thoughts congeal
the holy is from another time
a man is only a man
sometimes.

MARIO VILLEGAS
† 19/XI/1990

Como el temor de un hombre el hierro sale del hierro
huye de la montaña
envío tan triste como un agonizante.

No llames a Dios que el hierro es para los temerarios
para los temblorosos está la prisa
la raya, el abrevadero
la cítara, cátedra humeante.

Pero el hierro se pierde en las alturas
se confunde con cenizas
y el agua planea en las venas de un río lleno de sangre
en la tardía barrera que impone la muerte
a quienes lo vemos todo.

MARIO VILLEGAS
† 11/19/1990

Like the fear of a man the iron leaves the iron
It flees from the mountain
sent off so sadly like someone dying.

Do not call to God that the iron is for the reckless
for the flickering is the rush
the line, the trough
the zither, the smoky lecture hall.

But the iron loses itself in the heights
it blends itself with ash
and the water glides in the veins of a river filled with
  blood
in the last-minute barrier flung up before death
for those of us who see everything.

ÁNGEL GÓMEZ
† 20/X/1986

Del hueso huye la carne
y el agua huye del hueso.

Mi madre servía la sopa de días friolentos
lavaba mi sombra las tardes de escuela
caía yo en fiebre y temblaba.

De mis ropas huía mi alma.

Cómo odiaba las quijadas en el patio.
Así, pensaba, será un día mi madre
y caía la quijada sola
sobre el frío de mis pies terrestres.

Ahora entiendo los pobres huesos
la tibia, alfileres duros
como piedras que rugen.

Porque los huesos duran algo
más en tierra, alejados
del hombre que cosa
que toca se pudre
mi dios.

ÁNGEL GÓMEZ
† 10/20/1986

The bone flees the flesh
and the water flees the bone.

My mother served soup on the coldest days
washed my shadow in the evenings after school
when I fell down trembling with fever.

From my clothes fled my soul.

How I hated the jawbones in the courtyard.
So much so I thought one day my mother will be
only a jawbone and fall over my feet,
my cold and terrestrial feet.

Now I understand the poor bones
the tibia, so stiffly woven
like the rumbling stones.

Because of the bones something more
remains in the earth, spun from
the man who sews
who touches who my god
rots.

RAMÓN YÁÑEZ
† 19/IX/1987

La piedra arrastra la tierra
corre un río en la esfera llena de sangre
vara de caballos
llena de agitación
como en la remota oh circunstancia
en que caen corazones
en que hablan las llamas
cuando el hambre se dobla.

El tiempo se fuma el premio
salta el mes carbonizado de enredaderas
en la manía de Lucy de hablar de entierros
que sí le dice Juan Pedro a la llama
del territorio, encantado
con la luz manchada del agua
con masas de sepulcros
que llegan a cobrar vida de tanto muerto
abierto de tanto que caen huesos y huesos
en lo oscuro, ahí, donde falto
yo corro y me dirijo.

RAMÓN YÁÑEZ
† 11/19/1987

The stones pull at the earth
running a river in the globe full of blood
whips for the horses
full of agitation
as in the far regions of circumstance
in which hearts fall
in which flames speak
when hunger doubles.

Time burns away all prizes
leaps the month charred with vines
in the madness of Lucy who speaks of burials
who yes says Juan Pedro to the flame
of the land, enchanted
by the dappled light on the water
with its masses of graves
that keep on charging life with enough death
opened so long that bone after bone falls
into the dark, there, where I am missing
where I leap and vanish.

GERARDA HERNÁNDEZ
† 6/XII/1982

Quien destruye lo que ama
como caída de horizonte rojo
marcada, llena de tristeza.

Habla una moribunda
eso soy
cuando duermo a la intemperie
a la sombra de quien nos corta
la vida con un movimiento.

Pues, un imposible transforma mi boca
y corta el aire, la llama de furia
el curso rojo
del río del sueño
el alba
de quien se duele y se ve.

La que habla y no debiera
sé, eso soy
 eso vengo:
a buscar lo que se destruye
amando.

GERARDA HERNÁNDEZ
† 12/6/1982

Who destroyed what you love
like falling over the red horizon
branded, full of sorrow.

Speaks the dying one
this I am
when I sleep in the turbulent winds
in the shadow of those who cut off life
with one brief gesture.

Well, the impossible transformed my mouth
and cut off the air, the flame of fury
the red course
of the river
of the dream
the dawn
of those who ache and who see.

She who speaks and should not
I know, this I am
to this I go:
to look for that which destroys
loving.

CANCIÓN PARA LOS NIÑOS MUERTOS   SONG FOR DEAD CHILDREN

VÍCTOR GUTIÉRREZ
✡ 11/08/1983
† 20/12/1991

María ahora escucho
me levanto más temprano
no me puedes dejar
está oscuro escucho
María huérfano dice
mi juguete más roto
que la llama de mi hermano
a media mañana erguido
tomado de la mano
entre las piedras subiendo
hasta la casa de Abel
hasta la casa de Pía
donde le digo caí
donde Cristian no me deja
y le digo que no sea
malo, que me lleve
de la mano que la mano
de la leche no se llama
como yo le decía
como Cristian decía
que se llama turbio
frío, oscuro que se
llama feo por qué
me dejaste ir
por qué me dejaste
aquí hermanito, todo mojado
todo hecho agua y con la tierra
en los ojos y en la boca, todo frío
si tú sabías
que no me gusta ir solo
si tú sabías
que me da miedo
cuando todo está oscuro.

VÍCTOR GUTIÉRREZ
✡ 8/11/1983
† 12/20/1991

Maria, I listen now
I got up so very early
you can't leave me
it's to the dark I listen,
Maria, it says orphan
my toy more broken
than the soul of my brother
upright in the middle of the morning
I'm taken by the hand
between the rising stones
past the house of Abel
past the house of Pia
where I told him I fell down
where Cristian would not leave me
and I tell him I won't
be bad, if he would take me
by the hand, that the milky
hand is not called
what I told him
what Cristian told him
that it's called cloudy
cold and dark
the one that everyone
calls ugly because
you let me go
because you left me here
my brother, where everything is wet
everything drenched, the water and the land
in the eyes and the mouth, everything cold
if you only knew
how much I do not like to go alone
if you only knew
how it makes me afraid
when everything is dark.

NORA TRIVIÑO RUIZ
† 24/6/1934

No voy a prestar
le voy a decir que no voy a prestar
mi soga chica esa mi puñado
chica mi muñeca mi piel
que mi ella me dijo que
no la otra vez y ahora dice y
llora y le digo no porque
no, porque quiero
llevarla al patio
cuando salga mañana
hermana que no
te presto mi no
importa que llores, no
importa que acuses
total
qué van a hacer
ella, él
cuando quieran
gritar.

NORA TRIVIÑO RUIZ
† 6/12/1934

Okay, that's it
I am here to say, I've got nothing more to add
my little doll is such a handful
girl, my doll, my skin
she who told me
no the last time and now she begs and
cries and I tell her no follows
no, because I do want
to take her to the yard
when tomorrow comes
little sister of no
I add to no my no
and you can cry
all you want or
tattle on me
so what
who are they going to come for,
the he or the she
when they want
to scream at someone.

CARLOS NAHUELPÁN
† 18/11/1987

Trae para acá me dicen
trae para acá que me calle
me dicen todo me dicen
todo malo hecho rojo
verde quieren que saque
siete, verde, azul
que no pegue me dicen
cuando pegan, que no llore
me dicen cuando lloro
que no sé, se ríen
que no pase
que no hizo, qué no trajo
que está bien que llore
que mire a otro niño
que no tiene qué comer.

Me llama, me da a la fuerza
me deja a oscuras sin ver
cartones monos perdidos:

mejor no hubiera sido tu hijo.

CARLOS NAHUELPÁN
† 11/18/1987

Bring it here they tell me
bring it here and shut up
they tell me they all tell me
everything bad turned red
green they want to take out
seven, green, blue
that don't stick they tell me
and when they do hit, I am not to cry
they tell me when I cry
that I don't know, and they laugh
that I won't pass
that he didn't, he didn't bring it
that it's good to cry
he will look for another child,
one who does not have to eat.

He calls me, he beats me
he leaves me in the shadows, not even to
watch those good-for-nothing cartoons:

better I had never been your son.

PEDRITO, JAVIER Y
MERCEDES GONZÁLEZ GONZÁLEZ
QEPD

P: Donde las niñas hunden sus palas
un gusano entra en las manos de los niños
y están sucias mis manos y mi pala
mas por qué tuve que saber

J: Hay un animal que parece un río
y no puede nadar
y hay un río que parece que no puede nadar.
Si recién mojaba mis pies en el agua
por qué tuve que saber

M: No digas que los tigres tienen horas
donde se duermen y se apagan
porque los tigres nunca duermen
con sus luces apagadas
si es todo un agujero un algo muerto
por qué tuve que saber

PEDRITO, JAVIER AND
MERCEDES GONZÁLEZ GONZÁLEZ
QEPD

P: Where the girls sink their shovels
a worm rises to the hands of the boys
and they are dirty, my hands, and my shovel
but why did I have to know

J: There is an animal which seems like a river
and yet cannot swim
and there is a river which seems like it cannot swim.
If I just dipped my feet in the water
why did I have to know

M: Don't tell me that tigers have hours
where they dream and extinguish their flame
because tigers never dream
with their lights extinguished
If everything is a hole, a dead thing
why did I have to know

HERNANCITO
✡ 10/10/1969
† 20/10/1980

Así me dicen yo sé
que me digan si pregunto
y mi madre que me mira
y se duele de la tierra
cuando un rayo de sol corta
el pan duro de su mesa.

Ya no comes Madre el pan
amasando esa pregunta

pensando qué preguntaba
cuando enojado preguntaba:
no me digas cómo me dicen
dime cómo me llamo.

No llores que ahora sé
que ahora sé cómo me llamo
curso seco me llamo
por donde corren tus lágrimas.

HERNANCITO
✡ 10/10/1969
† 10/20/1980

This they tell me I already know
that they would tell me if I ask
and my mother looks at me
and grieves in the earth
when a ray of sun slices
the hard bread on her table.

Now Mother will not pick up the bread
while she kneads this question

thinking how I asked
when I angrily asked
do not tell me what they call me
tell me my real name.

Do not cry that I know now
that now I know what my name is
a dry current you can call me
for here will run your tears.

GERARDA ROSAS
† 26/07/1995

Veo que el sol
baja sangrando a la cabeza de mi madre
y su cabeza es un patio
y la cabeza ensangrentada del sur.

La mañana saluda con su mano recién desenterrada
mi madre, con el sombrero mojado del alba.

En la cocina, la ventana despedaza el horizonte.
Yo hija amada mordisqueo un mendrugo
yo hija abandono la cabeza de mi madre.
Me desconcierta el vuelo veloz de una mosca.

La mañana saluda con la mano de mi madre
recién enterrada renaciendo.

GERADA ROSAS
† 7/26/1995

I see the sun
bleeding below the head of my mother
and her head is a courtyard
and the bloodstained head of the south.

The morning salutes her with its lifted hand
and my mother answers, her broad hat wounded with
   dawn.

In her kitchen, the window shatters the horizon.
I, her loving daughter, nibble at leftovers.
I, her daughter, abandon the head of my mother.
It bewilders me, the swift arrival of the fly.

The morning greets me with the hand of my mother
so freshly buried and reborn.

CARTAS PARA REINAS
DE UNA TIERRA
QUE NO TIENE
PRIMAVERA

LETTERS FOR QUEENS
IN A LAND
THAT HAS NO
SPRING

CONFESIONES QUE VIVEN DONDE SE INJURIA LA PRIMAVERA. El murmullo del río se despide y permanece por que el viento escriba las bocas de las que han sido amadas como se ama las más bellas, y han crecido los bosques por esa letra en los techos, y ha cantado la tierra su amor de movimiento. Mas, si a causa de agravio temblara, o al pedir un beso el mundo detuvieran, o el vuelo confundieran las aves con sus manos, y no cambiaran las bayas sus monedas, las almas que murmuran en el bosque que aún la vida ha sido breve pero ha sido, y más aún, las estrellas, luminosos fantasmas que confiesan, palidecen aún al recordarlas, al verlas, que amanecen las noches y que ante tal belleza la muerte se estremece, o es que a causa del fuego hemos visto la sombra—dicen—o es que un día iluminado en la planicie guarda un misterio más alto que este amor?

Confesiones que viven donde cala ofendida la primavera, y se duermen con un canto hallado en la sangre, con ellas, que a la puerta invisible de los días llaman, y entonces cantan los pájaros y los ríos prolongan sus valles, y cantan las tempestades y el pasto, y aparecen y desaparecen los astros, en delirio con el mundo.

CONFESSIONS THAT LIVE WHERE THEY INJURE SPRING. The murmur of the river says goodbye and still remains because the wind inscribes the mouths of those who have been loved as by one who has loved the greatest beauties, and has fed the forests for this letter in their heights, and has sung to the earth his love of how they move. But if because of some shaken insult or a request for a kiss the world stopped, or if flight confused the wings of birds with the hands of women, and did not exchange berries for coins, the souls murmur in the forest that even if life has been brief, it still has been, and what's more the stars, luminous fantasies that confess, that turn pale even as they are recorded, as you see them when nights grow light and before such beauty death trembles or is the cause of the fire that makes the shadows visible—they say—or is it that a bright day on the pampas guards a mystery taller than this love?

Confessions living where each one offends the spring, and they sleep with a song found in the blood, with women who at the invisible door of the days call out, and then sing the birds and the rivers stretch the valleys, and the storms and the fields sing, and the stars appear and disappear, delirious with the world.

AHORA QUE RECORRO TU ALMA, UN ÁNGEL MUER-TO PASA TENDIDO en el viento amargamente. Como te has ido abre sus ojos, llora la muerta mañana en un silbo claro, deja tu nombre en los cerros, en los sotos; con alas diminutas inventan los zorzales, por vez primera, una vez más la alborada. Alma de mi alma toda la noche te he recorrido. Sobre los techos el viento repasa sus viejas tareas y advierte que mi nombre es un incendio que temprano ha de extinguirse. Si escucharas el fuego de mi memoria, la ardiente canción de los astros que incendiaban la noche que más te amé. Mi sombra ha caído despacio desde entonces. No quiere despedirse del agua que festejaban tus manos, con la boca de todos los santos al unísono, con el viento quieto de mi corazón en tu corazón. Y me querías regalar tu mañana más hermosa, conmigo querías despertar una mañana y contemplar el cielo limpio sobre el cielo. Mas, tantas veces dormí contigo, tantas veces desperté con tu alma prendida a mi pecho, corriendo tantos ciervos en la noche desterrada, porque sabía las mareas subirían lo imposible y habrían de llevarte a desposar con mis desvelos. El agua traía las mañanas que tú amabas, y te besaba la frente, y esa agua contenía tu alma tan parecida a las nubes. Toda esa agua, es verdad, amada mía, era toda esas mañanas que despertaba contigo. Por las noches me despedía llorando con el canto de quien se queda y descansa en los valles más bellos: ahí entré tantas veces con el fuego de los dioses, para encontrar una pureza, un fuego más poderoso que el fuego de mis cansinas palabras. Pero te has ido, tan ahora, tan lejos, y estás tan cerca como la estrella más sola, porque sigo encontrando en tus ojos las inquietudes perpetuas de mi viejo fantasma, que en el viento ronda tu casa y toca tus manos, y que en el viento te besa la boca, con el latido de estrellas, en el fulgor de tu espléndido corazón. Es que hallé la mañana prendida a la leche invisible de tus pechos, al suave amparo de tus piernas. Di en tu cuello con las palabras más delicadas, en tus manos con el color invisible del viento. Por eso sé que alguna vez, aunque diré ya no te amo, algo de mí te seguirá amando. Mi voz, una cadena de miedos, se queda en los estanques del bosque donde quise llevarte a

NOW I MEND YOUR SOUL, A DEAD ANGEL PASSING in the bitter winds. As you have gone open your eyes, the dead tomorrow cries with a clear whistle, leave your name in the hills, in the copse; with the small wings invented by thrushes, for the first time, for one time more at dawn. Soul of my soul, all night long I have reached for you. Above the roofs, the wind continues its endless homework and warns that my name is a fire that was extinguished early. If you listen to the flame of my memory, the ardent song of the stars that set fire to the night that loved you best. My shadow has been slowly falling ever since. I did not want to leave the water that courted your hands, with the mouth of all the saints in unison, with the quiet wind of my heart in your heart. And you wanted to offer me your most beautiful morning, with me you wanted to wake up one morning and contemplate the clear sky above the sky. But other times I slept with you, other times I woke with your soul caught in my chest, like so many running deer in the banished night, because I knew the tides would raise up the impossible and would carry you to a wedding with my wakefulness. The water brought the mornings that you loved, and kissed your forehead, and the water carried your soul as it would the clouds. All this water, it is true, my love, was there every morning when I woke with you. In the nights I woke up crying with the song of those who stayed behind, resting in the most beautiful valleys: I went there many times with the fire of the gods, to encounter an innocence, a fire more powerful than the fire of my singing words. But you have left, already, so far, and you are so close, like the most solitary star, because I go on meeting in your eyes the perpetual disquiet of my old fantasies, that in the wind circle your house and play across your hands, and in that wind which kisses your mouth, with the throbbing of the stars, in the depths of your resplendent heart. It is here that I found the morning captured in the invisible milk of your breasts, in the tender refuge of your bones. I spoke to your neck the most delicate words, and to your hands the invisible color of the wind. That's why I know that one day, although I can say now that I do not love you, something in me will continue

escuchar el triste arrullo: aquellos que se han ido y con quienes siempre hablo de ti. Perdona la sombra que encontrarás temblando entre tus sábanas, pues algo quedará latiendo infinitamente entre nosotros. En mi recuerdo habitará un color que sólo ha de pintarse de nuevo con tu boca, el ritmo de palabras que nacían heridas de muerte cuando yo entraba en tu alma. Perdona la sombra que en tu casa crece y crece, pues sólo he sido un árbol cansado de medrar en la piedra, un árbol cuya sombra amainaba en tu patio, y cuyas ciegas raíces ahora crecen bajo tu sueño. Así te llama mi corazón, mi sombra a menudo parte y se va a otros rincones, hacia otras calles más amargas. En la visión de la noche, así te llama mi corazón. Para mirar te miraba largamente, y de mis ojos salías tú misma a ver las estrellas, como arrepentida de encumbrar tanta belleza ante los astros. Ahora nada tengo sino el consuelo de saber que todos los colores que ya me huyen y se hacen espesos y entran en las mañanas, que todas las palabras que cayeron a tus pies, las que llevaban la sombra de una canción triste y el repicar cansado de estrellas y el movimiento de los planetas y los astros y el reino de los ángeles y los dioses, todo será nada aquel día que volvamos a encontrarnos: Será *en la secreta casa de la noche* y la muerte se estremecerá de vernos. Como todos los días, nos tenderemos juntos a esperar la mañana.

to love you. My voice, a chain of fears, remains in the pools of the forest where I wanted to bring you to listen to the sad cooing: those who have gone and with whom I always speak of you. Forgive the shadow that you will meet trembling between your sheets, but something will always remain beating between us. In my memory there will live a color that can only be painted anew with your mouth, a rhythm of words that were born wounded by death when I entered into your soul. Pardon the shadow that in your house grows and grows, that I could only be a tired tree which could only thrive in rock, that I could only be one tree whose shadow was trimmed in your yard, and whose blind roots now grow below your dream. There I called you my heart, my shadow which would frequently split and retreat to other corners, making other streets ever more bitter. In the vision of the night, that's where I called you my heart. In order to see I looked at you slowly, and from my eyes you yourself left to see the stars as if repenting to raise so much beauty before the heavens. Now I have nothing except the comfort of knowing that all the colors that flee me and thicken as they enter into the mornings, that all the words that have fallen at your feet, those that wear the shadow of a sad song and the slow ringing of the stars and the movement of the planets and all the heavenly bodies and the kingdom of the angels and the gods, all will be nothing on that day that we return and meet again: There will be *a secret house of the night* and death will be trembling to see us. As in all our days, we will go out together to wait for the morning.

DIME SI VIENE TU CARTA

dentro de un trozo de leña
o dime si en esos ladridos
sube tu sobre nublado.

Se llueve toda mi casa
se anega el árbol, la leche
se corta, el barrio se moja
porque esa carta no llega.

Carta tuya en la vaina
que crece en los ortigales
dice el ladrido al fondo
del viejo sendero mudo.

Desnudo entre las ortigas
abro el sobre con llagas
de lado el sobre parece
un gallo todo empapado

y entra en el ojo llagado
la letra escrita en mi ojo
con un lápiz vacío
en un pliego sin bordes
ni fronteras.

TELL ME IF YOUR LETTER COMES

inside a piece of firewood
or if it's in the barking of dogs
that rises into your clouded envelope.

My entire house leaks
it floods the tree, the milk
curdles, the whole neighborhood soaks
because that letter never comes.

Your letter in its casing
that grew among the nettles
speaks the barking
to the old mute road.

Naked in the nettles
I open the envelope with sores
on its side that resemble
a drenched rooster

and it enters its sore eyes
the letter written in mine
with a hollow pen
on a page without borders
without frontiers.

Christian Formoso   195

POEMAS
PÓSTUMOS
ENCONTRADOS

POSTHUMOUS
FOUND
POEMS

OFERTORIO DEL POETA POBRE
Claudio Venegas
† 9/V/1955

Qué más que horas, qué darte
mirada de mí, arma huida
de mis callados días
sin hogaza ni techo.

Sólo pobre madera hay en mi sombra
y jornadas tristes sin fortuna
son mis fieles amantes, tormentosa.

Mas mi ardiente casa humilde
moriría—tú sabes—
por ese oro tuyo que tiembla
al paso de mi boca.

Condena que cierra la tarde
día sin prenda, mi ofrenda:
este poema te escucha.

THE OFFERING OF A POOR POET
Claudio Venegas
† V/9/1955

What more than hours can I give you,
eyes of my sight, my strength fleeing
from my silent days
without loaf or roof.

There's only poor wood in my shadow
and all my stormy, faithful loves
are sad expeditions without success.

But my ardent, humble house
will perish—you know—
for this gold of yours that trembles
at the passage of my mouth.

This sentence closes the afternoon
on this unacknowledged day, with my offering:
this poem that at last will listen to you.

NOTA:
*Poema de Claudio Venegas, hallado
en una carta a Catalina Vera, fechada en septiembre
de 1939. Dice a pie de página, junto a la firma:
siempre te debo un verdadero regalo.*

NOTE:
*A poem by Claudio Venegas, discovered
in a letter to Catalina Vera, dated September
1939. It says at the bottom, along with his signature:
I will always owe you the one true gift.*

DE CÓMO PERDÍ LA CARRERA
A LA ESPUMA DEL ARROYO
Mario Verdugo
† 9/V/1971

Miraba flaquear el invierno, el arroyo
pasaba corriendo con pasos estrechos
hacía un desvío sobre tus pechos
mojado quedaba sólo en mis ojos.

Llevaba espuma la tarde en su arroyo
e hicimos carrera a la espuma del lecho
algunas zancadas duraron muriendo
se hizo del agua el aire en nosotros.

Llenónos la espuma los ojos de ecos
y andando en pasturas fluíame todo
creí dar en ti hasta entrarte completo
y sentirme en el agua que estaba lloviendo.

Pero me hice fluyendo pasto y arroyo
en ti, mientras todo seguía corriendo
y bajaba ese arroyo en tus ojos mirando
que se hicieron—lo juro—carne en mis ojos.

HOW I LOST THE RACE IN THE
SPUME OF THE RIVER
Mario Verdugo
† V/9/1971

I watched the winter weaken, the crest
rush in with grand steps
making a detour over your breasts
that only in my eyes stayed wet.

The spume rose up late in your river
and we set up a race in its milky quiver
some dashes outlasted even death's shiver
and made from water the air in us.

It filled us, the spume, with the eyes of echoes
and walking in pastures that fervently flowed
I believed I could give to you after entering you fully
and feel in that water the rains as they go.

But they set me loose in the river and field,
in you, while everything continued to yield,
and beneath the river in your watching eyes
that made—I swear—the flesh in mine rise.

NOTA:
Extractado del diario de Mario Verdugo,
hallado en Casa de Remates de Fernando Faraldo.
Su glosa dice:
Cuando fue mía en el Parque María Behety

NOTE:
Extracted from the diary of Mario Verdugo,
found in the Casa de Remates of Fernando Faraldo.
A note says:
When she was mine in Maria Behety Park

NO TE FIJES CÓMO ESTOY
Rosario Fernández
† 19/IV/1947

No te fijes cómo estoy
vestida de pobre señuelo
que aún desteñidos mis años
más fuerte llaga el deseo

yo amamantara así
y diera nombre a tu fuego
y tu nombre fuera mi boca
la hojarasca, el brasero

o en tu boca fuera mi nombre
una madera ardiendo
con sus vocales abiertas
para tus labios sedientos

DO NOT SEE ME AS I AM
Rosario Fernández
† IV/19/1947

Do not see me as I am
dressed as merely a lure
that even in my faded years
with more force stings my desire

I nursed everyone like this
and gave a name to your fire
and your name became my mouth
became the fallen leaves and the brazier

or in your mouth was my name
a wooden fire burning
with all the open vowels
that on your lips are turning

NOTA:
*Firmado el 19 de abril de 1945, el poema,
escrito al reverso de una fotografía familiar
fue hallado entre otras fotos, en casa de la familia
Fernández Coto, en Punta Arenas,
el día 19 de abril de 2005.*

NOTE:
*Signed the 19th of April, 1945, this poem
written on the back of a family photograph
was found among other photos, in the house of the family
of Fernández Coto, in Punta Arenas,
April 19, 2005.*

TU NOMBRE ESTÁ ENOJADO
Lautaro Cárdenas
† 9/V/1973

La llave gira y se abre
la puerta dormida en tu oído

celosa sueñas que la ele
lame y lame mi boca

medio dormida preguntas
si soy acaso tu madre

tu ira deja en la noche
la pura cabeza afuera

la palabra está vieja
el viejo límite roto

la noche sobre tu cama
no quiere que te despierte

tu nombre está enojado
y me hace callar.

YOUR NAME IS ANGRY
Lautaro Cárdenas
† V/9/1973

The key turns and so opens
the door sleeping in your ear

jealous dreams you dream that the "l"
laps and laps my mouth

half asleep questions I ask
as if I were perhaps your mother

your anger lies under the sheets
with your only head emerging aflame

the word is old
the old bonds broken

the night over your bed
does not want you to wake

your name is angry
and makes me shut my mouth.

NOTA:
*Poema a Janina Saglimene,
encontrado
entre un atado de cartas, en 1997.
Está firmado.
Dice al final: Perdóname mi vidita por llegar tarde.*

NOTE:
*Poem for Janina Saglimene,
found among
a bundle of letters, in 1997.
It is signed.
It says at the end: Forgive me my little life for arriving late.*

MÁS BELLO EL ÁRBOL QUE EL PARAÍSO
Romeo Massoni
† 9/V/1955

Salgo de tarde en mañana
a lamer el suelo seco
porque después de arrastrarme
en ti de bruces me encierro
y en mis ojos llevo tus ojos
a ocultarlos tras los cerros
para que ciega sigas mi voz
y siga el sol su derrotero
mi sierpe, la llave, los años
de este mortuorio sendero.

Salgo de tarde en mañana
a lamer el suelo seco
de la sangre por tu sangre
en los fastos más sedientos
veo pasos inviables
sangre pura, hijo suelto
la canción de la mañana
canta el rumor de tus huesos
y de sus pechos vegetales
me da Dios agua de sexo
y me da sangre y corona
por la que repto muriendo.

Pero rotos frío y nieve
de dientes fundado el fuego
qué importa esa mala sentencia
que ha dado en mí movimiento
si he arañado con ruegos
piedras, rodados perpetuos
si he dado el mordisco pobre
al viejo río del tiempo
si vine a ver la miseria
y a rodar por los senderos.

THE TREE MORE BEAUTIFUL THAN PARADISE
Romeo Massoni
† V/9/1955

I leave late in the morning
hobbled to the cracked ground
because after all the groveling
in you, face down, I need seclusion
and with my eyes I carry yours
so I might hide them behind the hill
so even blind you will still follow my voice
and follow the sun as it rises
my temptress, my core, all the years
on this mortuary path.

I leave late in the morning
hobbled over the dry ground
of the blood in your blood
in the thirstiest splendors
I see uncrossable passageways
pure blood, a loose son
the song of the morning
humming the murmur of your bones
and from wild sprouting breasts
God gives me the procreative waters
gives me the blood and crown
for the one I crawl to dying.

But these broken teeth, forged
in fire, cold and snowy
what does it matter, this evil sentence
that has given me my tempo
if I have scratched with prayers
the stones, perpetual ruts,
if I have given my poor offering
to the old river of time
and followed the rolling
path toward misery.

Ya la muerte viene reptando
a abrir sus árboles secos
a hacer un nudo de horca
con tu lengua y con mi pecho
a cobrarse la respuesta
armada bajo el cimiento
de amamantar con la leche
de la sangre nuestro beso
y haber manchado a la muerte
con ese beso, su lecho.

Now vengeful death comes crawling
to open its shriveled trees
to make a gallows knot
with your tongue and my chest
to collect the answer
armed below all foundations
to suckle the milk
from the blood of our kisses
and place there the stain of death
with this kiss, with his hard bed.

NOTA:
*Poema de Romeo Massoni para ser enviado
al concurso "Un poema para la reina del
Carnaval del invierno."
Dice en grandes letras a lo largo de la página: corregir.*

NOTE:
*A poem by Romeo Massoni to be
sent to the contest, "A Poem for the Queen
of the Carnival of Winter." It says in large letters
down the length of the page: to be corrected.*

POEMAS A CAMBIO DE LÁPIDAS   POEMS IN EXCHANGE FOR TOMBSTONES

ROLANDO CÁRDENAS DESCIFRA SU MENSAJE DE PIEDRA POR LOS AMANTES MUERTOS

Porque el recuerdo del sur y el silencio
junto al vino derramado, eran la noche

y aquel recuerdo hoy a la deriva
nació vadeando el agua del secreto

era el viento galopando las miradas
con una lluvia parecida a la muerte

que repetía los nombres que ha perdido
para llenar con sus sonidos los espejos

yo levanté mis palabras enfriadas
viejos nudos, viejas islas corredizas

y con un viento confundido en mis cabellos
fui sembrando el viejo fondo de las nubes

las semillas tragadas por la espuma
que se hundieron hablando el mismo idioma

vistiendo el engranaje de los sueños
por penetrar el valle fértil de tus aguas

el velo duro de tus estaciones
tu cabellera de canales y rocas

y la cubierta del cielo en que el olvido
y mi sombra se hicieron a la mar.

ROLANDO CÁRDENAS DESCRIBES HIS MESSAGE OF STONE FOR THE DEAD LOVERS

Because the memory of the south and the silence
conjoin with the spilled wine, they were the night

and that memory today has drifted
born wading in the water of secrets

there was a wind galloping across our sight
with a rain arising like the dead

that kept repeating the lost names
to fill with their sounds our mirrors

I raised my frozen words
the old knots, the old sliding islands

and with a confused wind in the strands of my hair
went sowing the old depths of the clouds

the seeds swallowed by the surf
sank speaking in the same language

preparing the teeth of our dreams
to plow the fertile valley of your waters

the thick veil of your seasons
your long hair of channels and rocks

and the roof of the sky in which oblivion
and my shadow meet to form the sea.

PEDRO PAREDES RECITA
LA ORACIÓN DEL DÍA DE LAS AGUAS

Roguemos por estas rocas e islas, espejismos detenidos
ya no somos nombres ni corazones en la gavia

uno a uno estos paisajes se hundieron
 con el paso de las olas enfilando hacia los cerros.

Debajo de eso aún respira el fuego
con que un día se encendieron las playas

sobre el pesado ropaje de las aguas
aún se yerguen los faros en los cielos

parpadeando con un solo disparo
 su calor hasta nuestros corazones.

Roguemos por nosotros y ese día
que bajemos de los cerros ya sin hambre

y sin sed nos detengamos frente al río
cuyos brazos sin querer se nos parezcan.

Sin querer nos miraremos en el agua
y veremos agua por no vernos.

El día detenido ante la orilla
ha de estirar la mano primero.

Saludo y bienvenida serán fríos
y sin mirarse a los ojos.

PEDRO PAREDES RECITES
THE ORATION OF THE DAY OF THE WATERS

Let us pray for these rocks and islands, detained mirages
we no longer have names or hearts in the topsail

one by one our hopes were drowned
with the surge of the waves scaling these hills.

Beneath this there is still the breath of a flame
which might someday light up this beach

above the heavy vestments of the waters
the lighthouses still stand in the skies

flickering with a single glint
their heat as far as our hearts.

We plead for ourselves and that day
where we'll descend from the hills, no longer hungry

and without thirst stop before the river
whose arms we unwillingly resemble.

Unwillingly we see ourselves in the water
and see the water cannot see us.

The day as it pauses before the shore
reaches out its right hand.

Its greeting and welcome will be cold
and will not look us in the eye.

OSCAR BARRIENTOS EN SUEÑOS MURMURA ANUNCIANDO EL DESBORDE DEL RÍO DE LAS MINAS EN MEDIO DEL CEMENTERIO

El día del desborde será una sola bendición
un solo pie *sobre la sien del transeúnte*
el viento no dejará de tocar sobre las tumbas
las campanas del recreo, y de las fosas
de los niños y los grandes, por el río
correrán viejos y nuevos estudiantes
riendo y vistiendo el uniforme
de aquel mismo colegio subterráneo.

La ronda que se alargue en los pasillos
bajará al gimnasio sus estrellas
sembrando en los arcos de la noche
los goles de un destello desafiado
el río marcará con sus despojos
los huesos, las flores, las palabras:
la lenta procesión irá zarpando
con un *ladrido en la boca.*

OSCAR BARRIENTOS IN HIS DREAMS WHISPERS, ANNOUNCING THE FLOODING OF THE RIVER OF THE MINES IN THE MIDDLE OF THE CEMETERY

The day of the flood will be a lonely blessing
a single foot *over the Temple of the Bystander*
the wind will not pause to play above the tombs
the bells for recess and the graves
of the children and the great, for the river
will cover both the old and the new students
laughing and dressed in the uniforms
of that same subterranean school.

The round will linger in the corridors
the gymnasium will lower its stars
planting in the arches of the night
the goals of a sparkling defiance
The river will stain with its rubble
the bones, the flowers, the words:
the slow procession will set sail
with *a deep barking in the mouth.*

ASTRID FUGELLIE PREDICE EL DERRUMBE DEL CEMENTERIO MÁS HERMOSO DE CHILE

Desde el puro árbol a la sangre de mi derrota
desde el verde follaje al reverso del cielo frío
la amarga enredadera de mi verdad estéril
se abre paso como un hijo que no quiero ni amamanto.

Es la sangre media tarde de la salmuera marina
el agua hermana de la muerte que beben los que amo
el hueso de mi llanto alumbrando la noche.

De allí el oleaje sin nombre, revivido
y el derrumbe que acontece día a día
se anuncia con un ramo de estrellas temblorosas
se esparce con sus *llaves extraviadas para siempre*.

Nadie entra al favor de estos sepulcros
ni el tatuaje de la nieve se lleva por señuelo
sin embargo todo será hermoso
y ocurrirá de esta manera:

Se levantará el viento una mañana
y no parará.

ASTRID FUGELLIE PREDICTS THE COLLAPSE OF THE MOST BEAUTIFUL CEMETERY IN CHILE

From the pure tree to the blood of my defeat
from the green foliage to the reverse of the cold sky
the bitter vines along my sterile truth
open a path like a child unwanted and unloved.

And the blood comes up late along the brackish coast
the sister water of the dead, which those whom I love
  drink,
the bones of my tears which illumine the night.

From there the nameless surge revives
and the collapse happens day by day
announces itself at first with a branch of tremulous stars
spreads out with *the keys that have been lost forever*.

No one enters the blessing of these graves
nor the tattoo of snow worn as a disguise
nevertheless all will be beautiful
and it will happen in this manner:

The wind will rise up one morning
and it will not stop.

Christian Formoso   209

SECTOR
EL MILAGRO
CHILENO

SECTOR
OF THE CHILEAN
MIRACLE

FRAGMENTO APÓCRIFO DE "LA ESPADA ENCENDIDA"
—El cual declara del derrumbe del cementerio—

De presagios, el mar, de temporales
de ceremonias muertas con terror
de sigilo en el campo de la caza
de estruendo disparado con las olas
de arco decapitado en lo seco.

Lamento del carbón, llanto de piedra
lágrima de la costa, ayes de roca
dolor de acantilado, fe de espuma
gemido de ahogado, alma en sollozos
pie de náufrago, carne en sollozos
celo de alucinado, aire en sollozos
témpano calcinado, tierra en sollozos
océano emprendido, hombre en sollozos.

Júbilo del poder no encumbrado
amenaza de fe desposeída
nave en la tempestad deshabitada
oro de los caballos sempiternos
salto en la raíz hecha de fiebre
anunciación del miedo entre los pastos
ancla de los mortales en la sangre
pedrería en lenguaje de cuchillos.

Lanza de la madera, agua de nobles
hoja de los arbustos, ojo del hombre
hoja de árbol: punta de las flechas
dura piedra domada en los canales
carne de los bestiales investida
ladrando con los perros en la angustia
lágrima de los ángulos perplejos
transida con pinturas miserables
cóndores embestidos por la furia
de los ángeles, cantan mansiones
medida de la tierra transitada

APOCRYPHAL FRAGMENT OF "THE BURNING SWORD"
—In which he declares the destruction of the cemetery—

Of omens, the sea, of storms
of ceremonies deadened with terror
of secret shootings in the countryside
desperate turmoil in the waves
of arches decapitated in the dry land.

Laments of coal, crying in stones
tears of the coast, moans in the rocks
sorrows along cliffs, faith in the foam
wailings of the drowned, the soul sobbing
feet of the shipwrecked, flesh sobbing
fervor of hallucination, air sobbing
burning icebergs, earth sobbing
oceans assaulted, humanity sobbing.

The joy of power will not rise
the menace of faith dispossessed
ships of the tempest long abandoned
gold of the eternal horses
the leap of the roots taken with fever
annunciation of fear out among the fields
anchor of the mortals in the blood
the jewels of language in the knives.

Spear of wood, water of nobility
leaves of the bushes, eyes of man
leaves of the trees: tip of the arrows
hard stone tamed in the canals
flesh of the vested beasts
barking of the anguished dogs
tears of the perplexed angles
overcome with miserable paintings
condors assaulted with the fury
of angels, singing mansions
measuring the traveled land

para la desnudez de las agujas.

Cañón de la mañana, aire azúcar
temblores amarillos, piel porfía
carril de boleadoras, fusil rojo
carroña en celo, médano de miasmas
hijo de mujer: hijo de los dioses
hijo del hombre: muerte de mujeres
"Hijo del Hombre": muerte de los hombres.

Tránsito de puñales, fe incrustada
fiebre de los metales, diente de oro
derrumbe de montañas, fuga en minas
máquina de edificio, halo de pozo
luz artificial, llave del insomnio
árboles devastados, piedra de hambre
rama de alambre, ocio de frontera
círculos de la tierra, ojo en limbo
lujuria de ventana, trance de agua
barro enceguecedor, llanto de gula
talón desperdiciado, sol avaro
ira desperdigada entre los ríos
herejía de lengua ante los truenos
violencia de la sangre desterrada
maleza de suicidas y de perros
lluvia de llamas contra el arrecife
usura de la sombra en la serpiente
azote de demonios, pozo inmundo
cabeza abajo, piernas incendiadas
cabeza vuelta, sal de predicciones
cabeza hirviendo, garfio de justicia
plomo dorado, fe de hipocresía
robo de mundo, muerte de reptil.
"Los malos consejeros hechos llama"
visión de acuchillado por la espalda.
Habla de cerdos, lepra de falsarios
de pez, hielo de familia
muda tribulación, ciudad de llanto.

with the naked needles.

Canon of the morning, sweetened air
earthquakes of yellow, persistent hair
tracks of the bollas, red rifle
carrion in zeal, dunes of miasma
son of woman: son of the gods
son of man: death of women
"Son of Man": the death of the men.

Passage of the swords, encrusted faith
fever of the metals, tooth of gold
collapse of the mountains, escape in the mines
engine in the buildings, halo in the well
artificial light, key of insomnia
devastated trees, stone of hunger
branch of wire, leisure of the frontier
circles in the stone, eyes in limbo
lechery of windows, juncture of water
blinded mud, tear of greed,
wasted talon, vengeful sun
wasted anger between the rivers
insult of language before the scandals
violence of the banished blood
thicket of suicides and dogs
rain of flames against the coral reefs
usury of the shadow in the serpents
scourge of the demons, the well fouled
head below, legs on fire
head reversed, salt of prediction
head seething, grappling hook of justice
gilded tin, faith of hypocrisy
theft of world, death of the reptile
"Evil counselors now are burning"
vision of whips across the backs.
Speech of pigs, forged leprosy
treachery of fish, the frozen family
slough of tribulation, city of tears.

PROGRAMA 200 TUMBAS
Extracto de Nota—Diario La Prensa Austral,
septiembre de 2006

La Mandataria dio inicio
esta mañana al programa
de mejoramiento 200 tumbas:

En la comuna de Lo Prado
la Jefa de Estado dijo:

A: "no queremos sólo construir casas"
B: "etc."

**RADIOGRAFÍA A LAS TUMBAS
QUE SERÁN INTERVENIDAS**

Una dura realidad dejó descubierta la selección de las
  tumbas
incluidas en el programa:

THE PLAN FOR 200 GRAVES
Extracted from an article—Journal of La Prensa Austral,
September of 2006

La Presidenta began
this morning a program
to improve 200 graves:

In the district of Lo Prado
The Chief of State said:

A: "we do not wish to only construct houses"
B: "etc."

**X-RAY OF THE GRAVES
THAT WILL BE INVOLVED**

A harsh reality has uncovered the selection of graves
included in this program:

RÍOS PATAGÓNICOS,
ALFREDO LORCA Y SIMÓN BOLÍVAR

Capacidad local instalada, población
según edad, existencia
de organizaciones sociales, algunos
puntos considerados y otros
factores como imagen
ambiental degradada, sitios
eriazos en faldeos
de ríos o quebradas
que luego se transforman en

A: Basurales
B: Focos de delincuencia.

PATAGONIAN RIVERS,
ALFREDO LORCA AND SIMÓN BOLÍVAR

Local capacity installed, population
according to age, existence
of social organizations, some
points to be considered, other
factors such as image
environmentally degraded, sites
in vacant foothills
by rivers or rough places
that will be transformed later on

A: Garbage heaps
B: Centers of delinquency

SE TRANSFORMAN EN BASURALES O EN FOCOS DE DELINCUENCIA.

TUMBA RÍOS PATAGÓNICOS

Los Ríos Patagónicos son
94 tumbas entregadas
el año
1993.

Sector norponiente.

Calles Rómulo
Correa, Capitán
Guillermos, Avenida C
ircunvalación.

752 personas.

Pasajes interiores: angostos
Terrenos ocupados por grupos
de jóvenes para beber
y drogarse, existencia
de basurales clandestinos
en los alrededores.

Grupos beneficiarios: situación
deficiente, trabajadores
en mayoría por cuenta propia
ingresos esporádicos.

El 2005:

Hizo noticia
como escenario de dos
suicidios, 25
denuncias: seis
amenazas de atentado
a propiedad o persona, tres

THEY BECOME GARBAGE HEAPS OR THE CENTERS OF DELINQUENCY.

GRAVE OF THE PATAGONIAN RIVERS

The Rivers of Patagonia are
194 tombs
handed over in the year
1993.

Northwest sector:

The streets of Rómulo
Correa, Capitán
Guillermos, Avenue C the
bypass road.

752 persons.

Interior passages: narrow
Areas occupied by groups
of youth for drinking
and drugs, existence
of clandestine dumps
on the outskirts.

Groups of beneficiaries: the situation
deficient, enrollment sporadic
for self-employed workers
seeking sufficient pay.

In 2005:

The news reported
on location, two suicides, 25
complaints: six
threats to attack
persons or property, three
robberies. Possession

robos. Portes de arma
blanca: dos.
13 casos de violencia intrafamiliar.

of knives: two.
And 13 cases of domestic violence.

TUMBA ALFREDO LORCA

Sector norponiente.

Calles: Rómulo
Correa, Capitán
Guillermos, Isla
Hoste y Seno Skyring.

2.028 personas y 538
tumbas progresivas.

Origen: Solución para grupo
de familias víctimas
de desbordes del Río
de las Minas.

Condición económica
deficitaria, baja
escolaridad, trabajos
ocasionales no
calificados, gran número
de niños, problemas
de alcoholismo.

El 2005:

Plano policial: 66
denuncias: tres
homicidios, igual
número de portes
de arma blanca,
seis robos, 36 casos
de violencia intrafamiliar.

TOMB ALFREDO LORCA

Northwest sector:

Streets: Rómulo
Correa, Capitán
Guillermos, Isla
Hoste and Seno Skyring.

2028 persons and 538
progressive graves.

Origin: Solution for groups
of families who were victim
of the flooding of the River
of the Mines.

Economic conditions
deficient, little
schooling, workers
occasionally not
qualified, a great number
of children, problems
of alcoholism.

In 2005:

From the police reports: 66
complaints: three
homicides, an equal
number of assaults
with knives, six
robberies, 36 cases
of domestic violence.

TUMBA SIMÓN BOLÍVAR

Sector sur.

Calles Jorge
Alessandri, Santa
Juana y Arturo Prat.

1.481 personas, 305
tumbas, entregadas
en 1996.

Población beneficiaria inicial:
mujeres jefas de hogar, con
dos o tres hijos menores
trabajadoras.

"Con el tiempo estas tumbas
se han ampliado, ocupando
la mayor parte del sitio
disponible.

Algunos de los hijos
menores, ahora adultos
con grupos familiares, moran
en calidad de allegados."

Las ampliaciones son de mala calidad.

"Debido a lo reducido de patios
y estrechez de pasajes, los
menores y jóvenes tienen
limitadas posibilidades al aire libre."

"Sector deficiente en
iluminación, sumado
a localización
periférica y circundante
con sitios eriazos."

TOMB SIMÓN BOLÍVAR

South sector.

Streets Jorge
Alessandri, Santa
Juana and Arturo Prat.

1481 persons, 305
graves, reported
in 1996.

Population benefitting initially:
women heads of households, with
two or three minors
working.

"Over time these graves
have been expanded,
occupying most of the
available site.

Some of the minors
now adults
with family groups, reside
as relatives."

The appliances are of poor quality.

"Due to the small courtyards and
narrow passages, the children and
youth have limited possibilities
for open space."

"Sector deficient in
lighting, most of it
located at the
periphery on the surrounding
hillsides."

Christian Formoso   219

El 2005:

Plano delincuencial:
25 denuncias: tres
violaciones de morada,
dos tenencia y porte
de arma blanca, más ocho
casos de violencia intrafamiliar.

In 2005:

Criminal level:
25 complaints: three
violations of dwelling places,
two possessions and carrying
of knives, plus eight
cases of domestic violence.

TODOS ESOS NOMBRES
SON TUS NOMBRES

ALL OF THESE NAMES
ARE YOUR NAMES

TODOS ESOS NOMBRES SON TUS NOMBRES

levantados entre los muertos, todas las bocas
hechas polvo bajo el polvo de la pampa reseca, bajo
plumas de ángeles y bandurrias, sobre el tejado
de pasto y la cama abarrotada de ángeles, unos
tras otros, residentes de la cabellera vacía. Porque
esos nombres no fueron registrados con número ni
correo, ni figuraron en la lista segura de remitentes
de ese espejo de la pampa volcado en la pantalla.
Todos esos nombres aún castigados y ofendidos
se han abierto en la boca de este árido peladero, vaciados
de improviso sobre sus propias monturas, mudos
de nuevo, vacíos otra vez en un pozo seco. La cabeza
que se llamaba estrella se ha hundido al fondo de un cerro
para aprender a montar. Su nombre
es una grieta entre el cerro y las piedras. Pesan
más que el mensaje, sus imágenes adjuntas. Ese
y todos los nombres están desde antes en la bandeja
 de correo no deseado. No importa, escucha
caballo sobre la pampa, no importa adonde
llega ese ni este mensaje. Si no relincha, no
importa. Se vacía la carpeta como un acto de magia
una vez a la semana. Para eso están los grandes antivirus
en red, reflectores sobre la mala germinación, garantía
de pureza en el envío. Si hay algo abierto que hasta
en los perros cuaja, es esa falsa pureza de este lado
del mensaje, que no puede ser puro ni suave
si se mira a través de la ventana—de prueba, esos
nombres envejecidos—tampoco suave si se mira
el espejo de los arbustos espinosos—que tú mismo
eres—. Corteza y rama, de mismo nombre germinado.
Contra el viento: este hablar torcido y herido desde
el principio. Déjalo que ruede desde la mano curtida
por el choque de la espina en la cantera del pastizal
esos nombres tejidos de una hebra de hueso, el hueso
que cuaja al fondo del lavado por falta de agua y de sol, el
hueso transformado en caballo, el servidor caído con
 granos

ALL OF THESE NAMES ARE YOUR NAMES

risen up among the dead, all of the mouths
made of dust below the dust in the parched pampas,
 below
plumes of angels and bandurrias, over the roof
of the fields and the bursting bed of the angels, one
after the other, residents of the empty stable. Because
these names were never registered with numbers nor
post office boxes, nor factored into the secure list of
 senders
on this mirror where the pampas spill across the screen.
All of these names still cast off and fouled
have been opened in the mouth of this arid bald, emptied
and scattered over their own frames, silent
once again, empty once again in a dry well. The head
that has been called a star has been sunk at the base of a
 hill
to learn to ride. Its name
is a fissure between the hill and the stones. They weigh
more than this message, its attached images. This
and all the names are from before in the tray
of letters you never wanted. It does not matter, listen,
horse across the pampas, it doesn't matter where this
or that message arrives. If it doesn't neigh, it
doesn't matter. The file is emptied by magic
once a week. For this there is a grand antivirus
system, scanning the invasive germs, guaranteed
to purify your mail. If there is something open from
those bloody dogs it's a twisted purity from this side
of the message that cannot be pure and mild
if it looks at itself through the window—for proof, see
 these
old names—none of them mild if they look at themselves
in the mirror of the thorny shrubs—that you yourself
are—. From bark and branch from the same name
 germinated.
Against the wind: which is to say twisted and wounded
from

y semillas para la tierra chilena prometida. La cabeza
que se llamaba Chile ahora se ha separado
y se ha vuelto a casar con su cerro y su frontera: ah sí
qué alegría por todos. Ahora la imagen adjunta
está preñada de piedras, y las piedras alrededor
son como plumas de ángeles y bandurrias. Hay más
imágenes en el mensaje que en un tropel
de caballos listos para correr. A estas alturas
ya ni siquiera importa si el jinete y el caballo
van juntos, ni que el caballo y la rienda sean relegados
a una vieja pesebrera—papelera—de mensajes
contaminados. Escucha caballo sobre la pampa, para
aprender a amar el viejo virus se han hecho todos
esos nombres uno solo: pampa, caballo y montura.
Y tú eres el jinete, por un rato.

the start. Let that roll from your weather-beaten hand
by the prick of the thorns in the quarry of the pasture
these names knitted from a thread of bone, the bone
that congeals at the base of the wash for lack of water and
sun, the bone transformed into horse, the servant falling
   like grain
and seeds for the promised Chilean earth. The head
that is called Chile now separated
and has returned to marry the hill and its border: ah yes,
how happy they are. Now the attached images
are pregnant with stone, and the stones all around
are like the plumes of angels and bandurrias. There are
   more
images in this message than in a mob
of horses set to run. At these heights
it doesn't matter now whether the rider and the horse
go together, nor if the horse and the reins are as loose as
an old trough—your trash bin—the messages
contaminated. Listen, horse over the plains, to
learn to love the old viruses that have made all
these names into one: plain, horse and saddle.
And you are the rider, for a while.

EN BASURALES
Y FOCOS DE DELINCUENCIA
AÚN ESPERAN
LA LLEGADA DE
"NUESTRA SEÑORA ESPERANZA"

IN THE GARBAGE HEAPS
AND CENTERS OF DELINQUINCY
THEY STILL WAIT FOR
THE ARRIVAL OF
"OUR LADY OF HOPE"

JUAN MANRIQUE

Le grité y le di de lejos, no más dije de lejos, estoy harto basta también, que se llame como se llama dije hoy, cuando llegué los vi como muñecos de plasticina, como *Celebrity Death Match*, plasticina con grandes narices, con bocas y plasticina en la cabeza, corazón de eso sin latir, un globo en cada pecho, un aire pegoteado a la espalda, la ropa pegoteada con perro, pana pegoteado hasta las manos, como si fueran a perderse en un gran circo, en una gran mazmorra de pan duro, una gran media luna y unos a otros el rodeo, ahí va y se pegan montados en sus caballos, ahí de huaso uno, otro de vacuno, otro flameando perdido, otro chicote o sí piedra, o pegándole así, de lejos, como arrumados frente a un milico de guardia, y toda la toma debajo de la casucha del milico, debajo del nicho del milico, pero nunca de espaldas, nunca.

JUAN MANRIQUE

I yelled it, yelled it from afar, no more will I say from afar, I'm pretty tired too, let's call it by its name today, I said, when I arrived I saw them as dolls of plasticine, as in *Celebrity Death Match,* plasticine with large outrageous noses, plasticine in their mouths and their heads, hearts of it without beating, a balloon in each breast, plastered facades along their backs, idleness stuck to their clothing, velveteen plastered down to their hands, as if they were going to lose themselves in a great circus, a grand dungeon of stale bread, a great half-moon, and each of them the rodeo, so it goes and they hit each other mounted on their ponies, one a peasant, one a cow, another a lost flame, another a stub or stone, or swinging as well from afar, like tourists cameras in front of a military guard, and all of them taken beneath the military hut, beneath the military crypt, but never of their backs, never.

JUAN MARTÍN

Los vi a todos sin lengua, con la lengua cortada los vecinos de la toma. Alrededor del fuego las mujeres hacían sopa en una olla sin fondo. Echaban una cebolla y los trozos de lengua de los vecinos. Después nos servían un plato, con cuatro trozos de lengua a cada uno. Mientras servían, y como era una olla sin fondo, las mujeres sacaban pedazos de debajo de los pies, partes de pies y dedos de pies, y partes de poyos de las mediaguas, y así como comíamos se iban parando las mediaguas adentro de la boca, y las mediaguas como que empezaban a hablar, pero decían cosas con sangre y le entendíamos todo aunque era sangre lo que decían, como que el idioma era ese, y después nos reíamos, nos reíamos mucho todos, con la boca llena de eso.

JUAN MARTÍN

I see them all without tongues, with tongues cut out from the cordoned neighborhoods. All around the fire the women were making soup in an endless pot. They threw in an onion and pieces of tongues from the neighbors. Later they served us plates, four chunks of each for each. While they served— and it was as if the pot was really endless—the women took out pieces from below with their feet, parts of feet and toes, and pieces of stone from the benches in the shelters, and so as we ate, parts of the lean-to shelters stuck in our mouths, and the shelters were beginning to speak, but they said things with blood and we understood them, even though it was blood they were speaking, as if all language was thus, and then we laughed, we all laughed, our mouths filled with it all.

Hay tres en la cancha allá a la vuelta, los chicos son tres y la cancha está mojada. Uno me mira y dice que levante los pies. Yo no les digo nada porque les veo sobre mi cama, y mi cama está en medio de la cancha. Y enseguida como que uno le pasa una bolsa al otro, y el tercero se pone cabeza abajo a llorar. Les digo entonces que bajen, que me están ensuciando la cama, pero el que llora me muestra su ombligo y me dice ahí estás tú, pisando ahí, ahí estás pisando me grita y entonces veo que no tiene dientes, eso veo, y el que tenía la bolsa pone su cabeza adentro, su cabeza pone adentro y se empieza a morir, y el otro lo mira no más y no le dice nada, le mira que se muera, y el que me hablaba empieza a sacar de su ombligo cosas con sangre, como una tira que tira y empieza a moverme, y como que me arrastra y cuando me allego dice yo inauguré esta plaza dice, y entonces tiene como otra cara, y sigue tirando la tira desde el ombligo hasta que entro en su ombligo, y como que soy un diente suyo que se le cae, y como que alguien me pega con una botella en los dientes, y es porque después me pongo a llorar como que sueño y me veo subiendo a una micro que yo sé que se está hundiendo en el río, pero me subo igual a la micro, total ya estoy muerto, y los otros cabros van amarrados de pies y manos.

There are three on the field to the back, three boys and the field is damp. One sees me and says to lift my feet. I say nothing to him because they are over my bed, and my bed is in the middle of the field. And then just like that, one passes the bag of inhalant to the other and the third pokes his head up into it to cry. I tell them to get down, that they are dirtying my bed, but the one who was crying shows me his belly and tells me here you are, walking here, here you are walking, yelling, and then I see that he has no teeth, I see this, and the one who has the bag with his head inside, his head inside begins to die, and the other looks away and says nothing, looks at the one who is dying, and he who spoke to me begins to take out from his stomach things with blood, in strip after strip, and begins to move me, and just like that drags me and when I stop says I created this square, and then he has another face, and continues turning the strips from his stomach until I enter into his navel, and since I am a tooth that he lost, and since he was someone I once fought with a bottle in his teeth, and later I start crying that it's a dream and I see a microbus rising up that I know is sinking into the river, but I get on it anyway, since I am already dead, and the other boys are tied up hands and feet.

PEDRO LÓPEZ

Mira la *avance de noticias* por la boca, como que fuera en lo suyo de lo que estoy mirando, que la boca se le haga ojo porque hablo para atrás, *a quince el número de muertos* y ahora para adelante, qué tan rica por donde *producto de la tragedia,* que la vea con la boca porque ahí sí que le dejo (…) nada le dejo afuera *en estado de ebriedad,* afuera le iba a dejar sí *entre los fallecidos,* como que me llamo Pedro sí que le daría (…) como que me hago al revés el perdón hasta las manos, *dos menores de siete* y hasta los dedos de los pies, todo enterito *incluyendo un indigente muerto,* una foto en cueros por Internet de esa yegua, por todos lados darle *al reconocimiento de cadáveres.*

PEDRO LÓPEZ

He watches *the news trailers* for her mouth, as if it were through her own mouth that he—or is it I—am watching, her mouth becomes his—or is it my—eye because I speak it back, *fifteen the number of the dead* and now to move on, how hot she is, whereas *the product of the tragedy,* as if he sees her with my mouth because there, yes, I leave it (…), I leave nothing out *in a state of inebriation,* I was going to leave it out, yes, *among the deceased,* as sure as my name is Pedro, if you will (…) as if I could in advance ask pardon for my hands, *two less than seven years old* down to the toes of their feet, everything entirely, including *a dead tramp,* a photo on the Internet of that bitch in leather, everywhere offering *the recognition of the corpses.*

JUAN DÍAZ DEL VALLE DESPUÉS DEL CULTO

En la cocina fue, yo estaba curado cuando llegué y ella dale con decirme lo de mismo, dale que córtala con la que misma rezo, que estaba aburrida de mí, que le tenía harta de mí, que le llamaba como quisiera porque ella me iba a reventar, que me iba a echar agua hirviendo para que me secara, que dale y dale seguía la rezo, así le decía que sí, quería que bueno, quería que entonces colaba los fideos, y ahí me tiró los ardiendo en la cara, y los fideos eran como gusanos de dios, como que se me abrió la cara de puro dolor, y como que sentí que diosito era eso, ese entrarme en la cara que como chicle estiraba, entonces le dije qué más querís, qué más quer y me ahí llené como del espíritu del pastor, del pastor Leal le digo, y le dije qué más le digo y entonces agarré lo primero que estaba, agarré qué era, una botella, diosito qué, y se la enterré hasta el fondo en el culo, porque antes se la partí en la boca la botella y después se la metí así rota para que sepa diosito, que ya me había dicho eso otro, que ya me tenía rota la botella pero que no había dicho nada de tú, nada que no pudiera a su hija también, que también le dije y lo mismo pues, pero después pues, en la noche pues.

JUAN DÍAZ DEL VALLE AFTER CHURCH

I went into the kitchen, I was drunk when I arrived, and she turned to tell me it's always the same thing, to stop praying the same old prayer, that she was bored with me, she'd had enough of me, that I could call her whatever I wanted because she was going to burst, that she was going to throw scalding water over me to cool me off, that over and over she'd heard the words of that prayer, and now she told me enough, she wanted to drain the noodles, and then she threw them burning in my face, and the noodles were like the worms of God, and my face was the face of pure pain, and it was as if that was the baby Jesus, and I could feel my face moving like stretched chewing gum, then I said what more do you want, how much more, and said it again, and I was filled with the spirit of pastor Leal and he told me what to say, and I seized the first thing there was, whatever was there, a bottle, dear god, and thrust it up her ass, and then split her mouth with the bottle and after that it was so broken that you know, my dear god, he told me it again, that now I have broken the bottle but I have nothing more to say to you, and nothing to your daughter as well, and afterward the same thing, and the same thing, and into the night the same.

DOS MUJERES SINDICATO 13 LÍDER DICEN:

1
15:00 PM

La hora libre es la hora de hule, con guantes y gomas para rociar las cabezas, cabeza sin polvo y pasillo sin polvo, huelga estropajo y de cloro a las tres, abierta la manga de una corbeta agujereada, porque pienso un barquito para irme de pasillo, que parece un pasillo el mar sin fin de semana, que se levante una red con los peces fallecidos, que les lavamos con sal la cabeza y con rabia, y esos ojos maricones que nos miran entumidos, sin agallas ni para darse una vuelta en el centro, el hielo tan bonito pero manchado de sangre.

2
10:00 AM

Buen día estamos la plancha sobre la mesa/ *para servirle* el agua la luz está apagada / le queda *buen día* que llegue rápido el viernes/ *estamos para servirle* le voy a hacer *buenos días/ buenos días* anoche llamó la vieja *servirle* / cuando estaba dormida *bienvenidos a líder/* que no me olvide comprar *bienvenidos a líder/ estamos para servirle* la comida del perro.

TWO WOMEN IN LIDER SUPERMARKET UNION #13 SPEAK:

1
3:00 PM

Our free time is more like the hour of rubber, with rubber gloves and elastic for spraying down the heads, the heads without dust and the aisles the same, spraying and scouring at 3:00, as if to open the handle of a Corvette full of holes, because sometimes I think it's a little boat taking me down the aisles, that seem like a passage through the sea without an end, where you rise up into a net of dead fish, where we wash the heads with salt and rage, and these strange eyes that watch us entombed, without gills or the will to return to their source, the ice so beautiful but stained with blood.

2
10:00 AM

It's a nice day the oilcloth on the table / *to serve you* the water extinguishes any light / that remains *good day* that goes so quickly toward Friday / *we are here to serve you* I am going to do it *good day / good day* last night my mother called *to serve you* / when I was sleeping / *welcome to Lider's* / to remind me not to forget to buy *welcome to Lider's* / *we are always here to serve you* the dogfood.

EL NIÑO QUE PIDE ENCONTRAR LA ESPERANZA EN LA CIUDAD DEL REY DON FELIPE DICE QUE LA ENCONTRÓ EN VILLA ALFREDO LORCA

Yo estaba la casa vieja, jugando la orilla del río, y llegaba señor me decía ahora sí que te va morir, ahora no te escapa sí, y yo sentía muy feliz porque él quería me dar moneda, y moneda era brillante de oro pero parecía, que la moneda era bolsa llena de ojo y estaba toda rota, y con el Claudio iba comprarme yo *Poett*, y yo se echaba todo la nariz y se Claudio ponía azul, y me daba beso la boca Claudio, le yo decía yo soy y él me seguía da beso, era beso largo, y mí se me empezaba y yo decía le no porque seguía, porque el Claudio era cabeza del hombre moneda, que me daba tarro y me decía, bájate pantalón y date vuelta, te doy otro y te traigo mañana, te das vuelta te doy tarro todo día, cien más *Poett* lo día dijo, mil más dijo.

THE BOY WHO ASKED TO FIND *LA ESPERANZA* IN THE CITY OF KING DON FELIPE TELLS OF AN ENCOUNTER IN THE VILLAGE OF ALREDO LORCA

I was the old house, playing with the banks of the river, and there came a man who told me now death is coming, you can't escape it, and I was very happy because he wanted to give me some coins. And the coins were bright gold but it appeared the coins were in a bag filled with eyes, and it was all torn, and with it Claudio was going to bribe me, and give me that spray called *Poett*, and I took it all through my nose and Claudio turned blue, and I gave him a kiss on the mouth and I told him I am and he continued to kiss me, it was a long kiss, and I began to tell him no because he continued, because this Claudio was the head of the man on the coins, then he gave me a jar and said to me, take down your pants and turn around, I'll give you something else and do the same tomorrow, you turn around and I'll give you a can every day to inhale, one hundred more, of that spray called Poett, I will give you each day, a thousand more I will give you.

TRANSFORMADOS
TODOS TUS NOMBRES

TRANSFORMING ALL
OF YOUR NAMES

TRANQUILOS,
MIRANDO LA ENCABRITADA MAREA

ya todos dejaron el deseo a los pies de la cama, y el paseo
circundante en los pasillos estrechos de la nueva
población. Las casas suenan por si solas extrañadas
de su rezo estacionado, *las llamas del sueño* de alguien
desconocido nos sueña con mejores atuendos.
Desviamos la mirada, sonreímos ante el lente
que deja el fondo irreconocible y borroso. Campañas
de espías y jinetes que hablan de una carrera
que puede ganarse apostando a perdedor. La cara
de los ex hijos de la toma tiene fulgor. Arrepentido
y renovado, casi recostado en una cama de hospital, casi
como de zanja con restos de fierros viejos. Un círculo
de nubes se mueve sobre sus casas y cambia de forma.
Bajo las latas de la ampliación una perra se ha echado
a parir su última camada, son siete perros nuevos
para su vigor detenido. Malas señales y señales de humo
avistan las mujeres que esperan la micro 6. Mueven
sus ojos pensando qué comprar para la tarde. Sobre los
  techos
as nubes han cambiado completamente el panorama.
Las mujeres abordan al fin la micro. Pagan. El chofer
  entrega
el vuelto entre el ruido y el temblor de los asientos.
A fondo el acelerador sobre el ripio amarillo de los
  sepulcros.

CALMLY
LOOKING AT THE RISING TIDE

by now everyone has left desire at the foot of the bed, and
  among the crowds
promenading the narrow sidewalks of the new
city. The houses have felt themselves puzzled
by the intoned prayer, *the flames of the dream* by the
  unknown
stranger who always puts us in dreams with the best
  outfits.
We divert our eyes, we smile before the lens
that offers a depth unrecognizable and blurry. The
  pampas
of spies and horsemen that speak of a race
which can turn a losing bet. The faces
of the ex-sons of the barrio taken away shine. Repentant
and renewed, as if merely resting in a hospital bed, or
  maybe
in a trench with the remains of old irons. A circle
of clouds passes over the houses and changes form.
Beneath the templates of expansion a bitch has given
  birth
to her last brood. There are seven new dogs
for her weakened attention. Bad omens and smoke signals
catch sight of the women waiting for Bus #6. They move
their eyes thinking of what to buy for this afternoon. Over
  the roofs
the clouds have changed the landscape completely.
The women board the bus at last. Pay. The driver hands
  them
the change amidst the noise and the rumbling of the seats.
At the bottom he accelerates over the yellow remains of
  the graves.

—MIGUEL BAVIC DICE:

Nos sacaron de la toma y nos dijeron que había
una gran telenovela chilena. Nos dieron las llaves
del canal y de la puerta de la parroquia
de los milagros. Ahora que comienzo
a decirlo comienza la telenovela. Thomas
que había sido la cabeza del amor del amor
de la toma en la orilla del río, vino
a bendecir sus capítulos
y nos dijo tú serás la jovencita y el jovencito
y el viejo y el cibercafé de la linda telenovela, todos
juntos dijo, la piedra pasaje y el oído tuyo será
el pasaje de la telenovela milagro, pero sin robar
dijo.

—MIGUEL BAVIC SPEAKS:

They brought us out from the settlement and told us
    they'd planned
a great Chilean soap opera. They gave us the keys
to the channel and the door to the parish
of the miracles. Now whenever I open
my mouth there begins the show. Thomas
who had been our hero of the love of love
at the settlement on the shore of the river, brought us
to bless the episodes
and told us you will play the young boys and young girls
and the old and the cybercafé of the exquisite soap opera,
    all of it
at once, he said, the stone passageway, and your ears will
    be
the channel of the soap opera miracle, but this time for
    real
he said.

—THOMAS GONZÁLEZ
EN LA INAUGURACIÓN DICE CHILE

puede ser santo porque está lleno Chile de estigmas del Señor. La televisión parpadea y todo Chile es la Web, todo el amor de Dios se hace una bandera milagrosa, toda la fornicación del domingo, la bendición de un arma blanca para las hostias. De 9 AM a nueve AM habrá una gran telenovela chilena, sí, se llamará bendíceme Oh Dios.

—THOMAS GONZÁLEZ
AT THE INAUGURATION SAYS CHILE

could be saintly for it is full, Chile, of stigmatas from the Lord. The TV flickers and all of Chile is a Web, all for the love of God forming a miraculous flag, all the fornication of Sunday, the benediction of the glowing sword of the Host. From 9 AM to 9 AM, there will be a grand Chilean soap opera, yes, and let's call it—bless me—O God.

—GERARDA HERNÁNDEZ DICE: ESTIGMA = AMOR DE DIOS

duele quiere decir qué, mientras más marca qué
revelación como signo? al revés entre
los pies heridos, con sutura de soga
para ti, con alcohol de 90 sobre la carne
pelada sobre la herida la lengua áspera de perro
para ti, como el amor de Dios
cuando lo vi, oh Dios, como el amor
de perro que me diste atado a tu casucha
sujeto de cadena y esperando que bajaras
de la santa olla común. Ahora dice que
qué quiere decir marca, que somos
hijos y hermanos de todo, que el herido
se llama lunes y martes y cuenta así
hasta vaciar la olla de hijos y hermanos.

—GERARDA HERNÁNDEZ SAYS: THE STIGMATA = THE LOVE OF GOD

it hurts to say that all the while there are more marks so
  what
revelation do they signify? backwards between
the wounded feet, with the sutures of the rope
for you, with 180-proof alcohol over the bald flesh
of the wound, the rough tongue of a dog
for you, like the love of God it seemed to me
when I saw it, oh God, like the love
of a dog that you gave me shyly at your hovel
subject to chains and ever hoping to partake
of the holy common pot. Now you say that
it signifies the mark, that we are all
its sons and brothers, that the wound
is named Monday and Tuesday and on and on
until the pot of sons and brothers is empty.

—GERARDA HERNÁNDEZ DICE: MI FORMA DE MORIR FUE MISERABLE, PERO NO MI FORMA DE AMAR

aún mi amor perdido entre tablas y latones y cordeles y
     pozos
deja este deja-vu que se enciende y se pone a hervir en
una lata a orillas del río, y de él se sirve agua caliente,
     agua
perra para los chicos amados de la toma. Parece que yo
     viví
esto otra vez, que se me vuelve a servir la misma taza
de agua, que me vuelvo a poner a gritar y a decir
que me levanto mañana, que no tengo herida nueva que
pueda abrir sobre un escándalo de ojos, que me vuelven
a decir si quería vivir, si quería estar viva, si quería
una soga o que eligiera. Ni gallinas ni nada decía yo
con solo verte me cortaba todo menos que rebajarme,
     entre
latas decía que podía perderme yo, pero yo nunca
perderte, nunca hacerme una vuelta de nudos en las
manos, ni volver sobre las pozas porque yo era ese calor
lleno de punta a punta, lejos de esas tablas
y latones, lejos de la inmundicia de los viejos y las viejas
de la toma. A cambio teníamos el largo del río
para correrlo juntos, todo el trecho que estoy haciendo
hacia atrás, el deja-vu que ahora corre al revés, la
     intención
de haber vivido esto antes y de no verlo venir en el cajón.
Creíamos que esto había sido completamente arrasado
de tanto hervir, pero las casas de la toma, vayan donde
vayan, siempre se mojan . Ponemos la lata sobre
los techos de zinc. Una y otra vez agua perra
para los chicos del lugar.

—GERARDA HERNÁNDEZ SAYS: THE FORM OF MY DEATH WAS MISERABLE, BUT NOT MY FORM OF LOVING

although my love was wasted between boards and tins
     and cords and trash
allow me this deja-vu that ignites and comes to boil
in a tin can along the shore of the river, let me serve him
     simply some hot water,
as we always did, for the beloved boys of the settlement. It
     seems I have lived this
all over again, and returned to serve the same cup
of water, that I'll turn to scream out and say
I will wake up tomorrow, that I will not receive a new
     wound that
would open a scandal of eyes, that again they return
to ask if I wanted to live, if I wanted to be alive, if I
     wanted
a noose or instead to choose. Not the hens in their crates
     nor anything else
only seeing you cut me could bring me down, amongst
the cans I said I could lose myself but never
lose you, nothing could make me wring my hands
into knots, nor return to the trash because I was this
     flame
leaping from point to point, far from the shelves
and the tins, far from the filth of the old men and women
of the settlements. Together we had the whole length of
     the river
to run, all of the strait that I am now running
backwards, the deja-vu that runs backwards, the intention
to have lived this before and to not see it arrive until the
     coffin.
We believed it all had been completely razed
from so much boiling, but the houses of our barrio will
     always rise wherever
they want, always dripping. We put the tin on
the roofs of zinc. Over and over the hot water
for our boys.

—MIGUEL BAVIC DICE:

Acuérdate que salimos de la toma
para caer en el milagro
del caracol encendido en la oreja del pasaje.

Acuérdate que todos hicimos señas a omas, pero
omas amaba a su cura y ya no le importaban
los niños muertos. Ya no era la cabeza
sino la oreja la que ardía en el pasaje
y una telenovela sin rating
pero salvaje y con vida propia.

—MIGUEL BAVIC SPEAKS:

Remember, my friend, when we left our settlement
and fell into the miracle,
the flaming snail in the narrow alleys of the ear.

Remember how we all bowed to Thomas, but
Thomas loved the scenes so much the dead children
  weren't
so important anymore. Now there is no head
only the ear burning down its passageways
and an unrated telenovela
with a wild life of its own.

—THOMAS DICE:
FUI EN LA CABEZA DE
LA AMOR DICTADURA

Iglesia es cuerpo de Cristo dije en un abrir y cerrar
de boca, y después envejecí en el acto
me fui con dictadura en la bolsa de las cebollas
me hicieron pan de sacramento, toalla
de torniquete, me desangraron los niños
que chupan, pero yo decía tú estás
en otro país, dime qué les rezo, decía
la edad es para nada a cambio, ahora
describen la edad de mis pantalones
y el lápiz del hábito tuyo, ahora
mi cabeza es la tuya que da vueltas
alrededor del sol.

—THOMAS SAYS:
I WENT TO THE HEAD OF
THE LOVE DICTATORSHIP

The church is the body of Christ I said opening and
   closing
my mouth, and then I grew old in the act
I went with the dictatorship in their purse of onions
They made me sacramental bread, towels
of tourniquets, they bled me, the
licking children, but I always said you are
in another country, tell me how to pray for them
age is for nothing but change, now
they trace the age in my pants
and the old pencil of habit, now
my head is yours that goes
around the sun.

—ÁNGEL GÓMEZ DICE:
DE AMOR DE DIOS
YO ME SAQUEN DE LA TOMA

me hagan sangre la mano atrás con la
gillete, pero había una sierra para echar al costado
la cabeza saltando, para nadar en pura sangre
como que era, como que habría qué sé yo
doscientos de la ex-toma y Thomas
vino después a decir que era culpa
de la familia, que qué hacía la familia
a esa hora cuando el cura toca que toca
sí el cabro. Sí, si yo
 no me olvido de Dios le dije
y me corría la sangre la gillete
pero no lloraba delante de él.

—ÁNGEL GÓMEZ SAYS:
FOR THE LOVE OF GOD
THEY EVICTED ME FROM THE BARRIO

they drew blood from my hand with the
razor, but there was also a blade pressed at the side
of my shaking head, so that I might swim in pure blood
as it were, as I came to know it would also be
for the two hundred evictions and Thomas
came later to say it was my family's
fault, what were the families doing
at that time when the priest touched
yes, touched the boy. Yes, if I do not
forget about God, I said to him
and I ran with blood the razor
but would not cry before him.

—MIGUEL BAVIC DICE:
GONZÁLEZ DICE QUE MORIR REDIME MUCHO

pero que no diga Dios que el odio
lo redime, porque yo me hago el deseo que me sigue
bajo la tumba, porque si yo pudiera le haría
por ser, sacar sus huesos a la cancha
y rompérselos
y hacerles juicio
y tirárselos al río.

—MIGUEL BAVIC SAYS:
GONZÁLEZ SAYS THAT DEATH REDEEMS MANY

but he cannot say that God redeems
hate, because I still had that desire when they buried me
below the tomb, because if I had the power I would
do this, take his bones from the ground
and shatter them
and bring them to justice
and throw them into the river.

—LEONARDO GARCÍA DICE:

Huesos y árboles echados al sol
una hora de piedra sobre un reloj
de sangre, una hoja de sangre
que aflora entre las latas.

En este esqueleto de población
nadie sabe nada
pero todos buscan su sueño
cambiando los canales
en las ventanas.

Bendíceme Oh, dios.
Que me quede dormido pronto.

—LEONARDO GARCÍA SPEAKS:

Bones and branches discarded in the sun
an hour of stone above the clock
of blood, a leaf of blood
that blooms amongst the discarded cans.

In this little skeleton of the projects
no one knows anything
but everyone seeks the dreams
to change the channels
in the windows.

Bless me, O God.
That I may be sleeping soon.

—ANDRÉS MUÑOZ DICE:

Entre los pasajes no puedes dormirte
ni conservar tu reloj ni tu artesa.

Te roban el reloj para tomar
a los mordidos por las islas
de la rabia, a los perdidos
de su ceguera.

La artesa, para las quijadas
que corren.

Si te llevas en la mano
una piedra, lleva también
las manecillas de tu pasaje
 y el agua y el jabón
para sus quijadas.

Que tu dormir no sea su isla
ni te sorprenda su hora contigo.

—ANDRÉS MUÑOZ SPEAKS:

Between alleys you cannot sleep, my friend,
nor preserve your watch nor your mixing bowl.

They'll steal your watch to take
to those bitten on the islands
of fury, to the lost ones
in their blindness.

The bowl for their jabbering
jaws.

If you raise up a stone in
your hand, raise also
the hands and alleyways
the water and the soap
for the jaws.

For your sleep there is no island
neither be surprised when he comes for you.

—MARIO VILLEGAS DICE:

Linda telenovela del día entero.

En el pasaje la jovencita
ha dejado de ser jovencita
y ha empeñado sus aros.

Sin embargo
el negocio todavía
le fía cigarros sueltos.

De vez en cuando ella sube
al techo de la ampliación
a ver a sus hijos
perdidos en la cancha.

—MARIO VILLEGAS SPEAKS:

Beautiful soap opera of the eternal day.

In the passage of youth
she has given up her youth
and already pawned her rings.

Nevertheless
the grocer even still
gives her cigarettes on trust.

Now and then she climbs up to
the roof of the additions
to see all her children
lost on the field below.

—RAMÓN YÁÑEZ DICE:	—RAMÓN YÁÑEZ SPEAKS:

Linda telenovela que no quiere decir nada.

The beautiful soap opera doesn't want to say a thing.

Di la verdad porque voy a salir
a robar un reloj y una artesa
porque no voy a dejarlos dormir.

Tell the truth because I'm going off
to steal a clock and a bowl
because I am not going to let them sleep.

Ramón que soy yo dice que yo no salgo
si no voy a quedarme en verdad adentro.
Y adentro es una forma de decir que
mi palo y mi cadena son oreja y garganta
y cabeza del mismo viejo.

Ramón that I am, I say that I cannot leave
if I'm not going to truly stay inside.
And inside is just a way of saying that
my staff and my chain are my ears and throat
and the head of this same old man.

El viejo vino a la población y pidió
una caña de vino, y después se hizo
atrás escondiendo la mano
como si tuviera un reloj
que no quisiera que le robaran.

The old man came to the project and asked
for a glass of wine and then walked out
backwards, hiding his hand
as if he had a watch
and did not want it stolen.

Pero yo le di con el palo
hasta que soltó su nombre
y su oreja se hizo pasaje
y linda telenovela, con forma de remo.

But I caught him with my stick
until he let go of his name
and his ears became an alleyway
and the lovely soap opera took the form
of the great Chilean oar.

—GERARDA HERNÁNDEZ DICE:

Pero hay un féretro que es todo
tuyo Ramón, todo
para ti, fin de telenovela
para tu ano enloquecido, todo
tu país, tu puñal
el rifle, el remo
el fálico féretro
duele?

—GERARDA HERNÁNDEZ SPEAKS:

But there is one coffin that is empty
it is yours, Ramón, all
for you, the end of this soap opera
for your crazed asshole, your whole
country, your dagger
your rifle, your oar
your phallic coffin
how's the pain now?

CANCIÓN PARA
LOS NIÑOS MUERTOS
EN LOS BASURALES

SONG FOR THE
DEAD CHILDREN
OF THE GARBAGE HEAPS

EL SONIDO ES UN GOLPE
EN EL GIMNASIO VACÍO

la escuela persiste sola en su memoria tardía
se levanta una señal que dice hasta marzo, que dice
se van de aquí para siempre nunca. La señal marca
el lugar donde quedaron los dientes después de la golpiza
la risa agujereada bajo una boca inerte, la fotografía
donde la sangre se ve negra. Los días carcomidos
se desperezan como una tribu extinta, la pampa también
se despereza tras una lluvia pronosticada
y un muchachito de no más de siete le pregunta a otro
que qué le pasa, y le mienta la madre, y el otro le dice
algo de sus orejas. Se acercan los muchachitos para darse
de golpes, concha de tu alcanzan a decir cuando se echan
los puños. Marzo está tan lejos cuando se hacen salir
sangre, marzo se levanta a millones de años para cuando
terminan. El eco del gimnasio es una película casera:
se ven los arcos y las líneas del suelo. El sonido duerme
entre los pliegues del verano. Los muchachitos muertos
vuelven a casa.

THE SOUND IS A BLOW
IN AN EMPTY GYMNASIUM

the school remains only in your belated memory
it raises a sign that says see you in March, that says
no one was going to be here forever anyway. The sign
    marks
the place where your teeth remain after the bashing
your laughter leaks below your inert mouth, the
    photograph
where your blood comes out black. Your worm-eaten days
awaken like an extinct tribe, as the pampas also
awaken after a predicted rain
and a little boy not much older than seven asks another
what's happened, and slurs out motherfu—,
and another little boy starts
making fun of his ears. They come close
to blows, motherfu—they start to say again when the fists
come flying. March is so far away when they begin to
    leave
blood, March drifts off a million years by the time
they finish. The echo in the gymnasium is like a home
    movie:
you can see the scratches and lines on the floor. The
    sound sleeps
within the folds of summer. The dead little boys
head home.

—VÍCTOR GUTIÉRREZ DICE:

No hay rayas en el piso de la cancha
pero rayas lo hay que llamar, rayas
que dicen que suben como de tigre
bacán como de tigre que hacen así y se suben
al techo de la sede y miran de allá hacia abajo
y amenazan a los que se creen y a los que vienen
de la otra población, y cuando les dicen
que lo hay que hacer, llegan y lo hacen,
llegan y se suben y se bajan del arco y de las rejas
de la cancha, y después se creen pájaros
y yo también me creo pájaro pero tigre no
y me jalo por la reja y de ahí les digo que
se callen, que qué se creen todos, que esperen
que ya vamos a bajar.

—VÍCTOR GUTIÉRREZ SPEAKS:

There are no lines on the ground of this field
just lines that have to be named, lines
that say they rise like tiger stripes
big shot tiger stripes made like this and they rise
to the roof of the watch house and they see it is like this
  below
and threaten all those who believed it and
those coming from the other projects, and when they say
it is necessary to do it, they come and do it,
they come and rise and fall along the arc of the fences
of the field, and afterwards believe they are birds
and I also believe I am a bird but not a tiger
and I pull on the fence and from there I tell them all
to shut up, and just who do they think they are, and to
  just wait
because now we are coming down.

Christian Formoso   255

—NORA TRIVIÑO RUIZ DICE:

No voy a perdonarlo de lo que hizo, porque
yo le presté a su hermana la cabeza
de mi muñeca, y ellos se fueron a jugar a la
cancha con la cabeza, como si fuera una
pelota la pateaban alto y se reían, por eso
fui a quitársela, y se reían más mientras
chuteaban y yo iba detrás, yo corría
y ellos pateaban la cabeza y se reían más, y me
empezaron a cantar que si me lo metían
decían que a mí me salía sangre, te sale sangre
decían, y se reían los chicos.

—NORA TRIVIÑO RUIZ SPEAKS:

I am not going to forgive what was done, because
I lent to his sister the head
of my doll, and they went to play in the
field with the head, as if it was a
ball. They kicked it high and laughed, and for that
I was going to snatch her back, and they laughed even
   more when
they scored a goal and I went behind, I ran
and they kicked the head again and laughed some more,
   and they
began to sing that old song that if they scored with me
they said that I would bleed, you would leave blood
they said, and all the boys laughed.

—CARLOS NAHUELPÁN DICE:

Pateaba y sacaba sangre, era lo mismo
que hacía cuando me fue a buscar a la cancha
comemierda me dijo, dónde está el
comemierda y después que me fuera me dijo
a la casa, que me entrara, que sacara la mano
para que aprenda, que en la casa me iba a dar
hasta que se canse. Al tiro cuando entramos
me mandó una patada, y después otras para
que no sea maricón, dijo, para que no llore
como maricón. Al final me dijo comemierda
mejor no hubieras sido mi hijo, pero
ya vas a ver.

—CARLOS NAHUELPÁN SPEAKS:

He kicked and drew blood, it was the same
as when he came to look for me in the field.
Little creepshit, he said, whereas he was
the creep and after that he told me to go
to the house, that I would walk in and show my hands
so I would understand that in the house he was going to
  give
it to me until I was worn down. He shouted when we
  came in
and gave me a kick, and later other things so that
I wouldn't be a sissy, he said, so I wouldn't cry
like a sissy. And in the end called me a little creepshit,
better that you had never been my son, but
now you are going to see.

Christian Formoso   257

—HERNANCITO DICE:

me decía que mi apellido era como decir
seco, como decir pene, como decir cualquier
cosa que fuera risa, por eso me lo bajé de un
aletazo y lo esperé en la cancha a las siete después
por eso fue que empezó la mocha, que no
lo dijera más le dije y él me dijo que lo iba
a seguir diciéndolo, que lo iba a
decirlo las veces que quisiera
y que qué iba a hacer ven a callarme
dijo, entonces le dije ahora sí que te callas
conch ahora sí que te ca y le mandé
el puntete, y le mandé no uno sino
varios me dicen, diciéndole que se calle
que se calle para siempre.

—HERNANCITO SPEAKS:

he told me my name was like saying
dirt, like saying dick, like saying any
laughable thing, and for that I leapt up in a
flash and waited for him on the field at seven,
for this I went there when dawn began, that he would
say it no more, I said to him, and he said to me that
he was going to keep on saying it, that he was going
to follow me around saying what are you
going to do about it
he said, then I told him now you will really shut up
motherfu—now if you ever cu—I thrust
it in him, and not only once but many times told him
to say it, saying it till he was quiet
until he was quiet forever.

**—PEDRITO, JAVIER Y MERCEDES
CANTAN AL UNÍSONO:
EL AMOR ENVENENADO HA HECHO
UNA CASA SIN PUERTAS**

dentro, hay una reunión de cabros hambrientos
o la reunión de viejos carniceros sin cuchillo.
Todos murmuran que si abres la boca en la
noche, ya has hecho todo lo que en amor
se sirven los hermanos: dame un pedazo de corazón
quemado por piedad, significa
la luz. El amor envenenado ha hecho una casa
y una olla común de puertas y ventanas.

**—PEDRITO, JAVIER AND MERCEDES
SING IN UNISON:
POISONED LOVE HAS MADE
A HOUSE WITHOUT DOORS**

inside, there's a gathering of starving kids,
or a reunion of old butchers without knives.
Everyone whispers that if you open your mouth in the
night, you've already done everything you can for love
in service to your brothers: give me a piece of your heart
that I can keep in piety, meaning
the light. Poisoned love makes a house
and a common pot out of doors and windows.

—GERARDA ROSAS DICE:

Cuando llegué de la escuela, mi madre
lavaba una camisa al fondo del patio.

Madrecita, le dije, pero no
me escuchó.

Entonces entré a la casa
y hallé la mesa servida.

Y todos los muertos sentados a la mesa.

Mientras ella estrujaba la ropa
yo servía los platos.

De pronto las manos de mi madre
me sacaron del agua

y me torcieron el cuello
para ponerme a secar al sol.

—GERARDA ROSAS SPEAKS:

When I came home from school, my mother
was washing a shirt at the end of the yard.

Dear mother, I called, but she did not
hear me.

Then I went into the house
and found the table set.

And all of the dead were sitting at the table.

While she wrung out the clothes
I served the plates.

Suddenly my mother's hands
were squeezing the water out of me

and she wrung my neck
and put me in the sun to dry.

CON NOMBRE PROPIO
LOS PABELLONES
DEL MILAGRO

WITH PROPER NAMES
THE PAVILLIONS
OF THE MIRACLE

—JOSÉ PUERTO TORO DICE:

Cuando nos sacaron de la toma nosotros
pensamos, nos queríamos quedar y nos queríamos
ir de pie bajo los puentes, las piedras de contención en los
costados del río, las piedras debajo de las casas
ya sin ojos. No queríamos bajar de la carreta de la toma,
  pero
tampoco queríamos estar ahí, tampoco llamarnos
entre los viejos, tampoco partir con una mano adelante
y la otra enterrada bajo los tacos de las mediaguas.
  Cuando
dijeron les tenemos sus casas, nosotros no dijimos
una palabra, y nos fuimos a ver la piedra pelada
del cerro, y el cerro era grande como el miedo
nuestro allá arriba, mirando la noche como un ojo
tremendo, encendido y parpadeando
como si fuera una estrella.

—JOSÉ PUERTO TORO SPEAKS:

When they removed us from the settlement, we
thought we wanted to stay and at the same time wanted
to go by foot beneath the bridges, the containment stones
  along
the banks of the river, the stones below the houses
now without eyes. We did not want to lose the protection
  of the settlement, but
neither did we want to be there, nor to count ourselves
among the elders, nor divide ourselves, one hand
  extended before us
and the other thrust below the blocks of the shelters.
  When
they said we could have those half-houses, we could not
  say
a word, just went to consider the bald rock
of that hill, and the hill was as large as our fear.
From up there, we could watch the night like an eye
trembling, an eye lit up and blinking
like the fire of a star.

—CLAUDIA VILLA LUISA
BUSCA CONSUELO Y DICE:

La primera vez de la calle, la parte fuera como
piñón de mañana, temprano fue que se abrió
el desfile con pena en la calle, afuera primera
vez que la casa nueva me pega, fue
de accidente diría, nada
me dijo y entonces me pegó
y todos se levantaron en la población
a no ver por la ventana
y él no seguía pegando porque ya había
nacido moribundo el desfile, él
que no fue, lloraba como si no quisiera
arrepentido, y decía nunca
más, nunca más.

—CLAUDIA VILLA LUISA
LOOKS FOR COMFORT AND SAYS:

My first time in the streets felt like
a light coming through branches. I went as soon as it
  began,
the parade of sorrow in the streets. For the first time
he hit me outside of the house
it was an accident, he said, and I said
nothing and he hit me
and all those awake in the project
would not look out their windows
and he stopped beating because by now the parade
had begun to slow around us, and he
could not continue, crying as if he did not want to
repent, and I said nothing
more, nothing more.

—ABELARDO ZURDO PENITENTE DICE:

A nosotros nos metieron en la novela después
con la sangría que era una copa toda de oro
con piedra adentro y con diente adentro, caído
de alguien, no sé de quién, nos dijeron ahora
les toca ser a ustedes los jovencitos y jovencitas
los cibercafés y los viejos gays de la novela
en la tele, pero más tarde agregaron, más tarde
que nunca les va a tocar hacer de jovencitos, aunque
tienen que estar listos, tienen que arreglarse
la cabeza y tejerse los dientes y la ropa de cazadores
porque en esta parte de la novela ustedes se disfrazan
de ustedes, y dicen que se llaman tal cual se llaman
sólo que dicen que están tan felices que ya no
dan más, que no dan más de felicidad.

—ABELARDO ZURDO, PENITENT, SPEAKS:

As for us, we entered the story later
the blood now was a cup of pure gold
with stones inside, and teeth fallen
from someone, no one knows who. We were told now
we had to play the parts of the young boys and girls
of the cybercafés and the old gays of the endless soap
   opera
on the television, but later they added
that no one would take the young parts, even still
we should to be ready, should arrange
our heads and fabricate the teeth and the clothes of the
   hunters
because in this part of the show we would be disguised
as ourselves, and say we are called whatever we are called
and only to say we are so happy, that we need nothing
more, we are about to explode with happiness.

—MARÍA DEL T. LEIVA ISLA:

A Thomas yo lo quería porque Thomas fue la cabeza
del amor del amor que escuchábamos en la radio. Y había
toda una alegría como de hijos escuchando su rezo
y decíamos Thomas y los gritos se escuchaban hasta
la puerta de la oreja de los milicos, hasta el pasaje Bories
se escuchaban nuestros cantos, hasta que empezó esta
telenovela que no quiero decirla porque si no la digo
   capaz
que se apague, aunque Thomas sea lo mismo que esta
   vieja
novela que quiero que se termine, como si hubiese escrito
el guión omas, con su asterisco loco y su misal
ensangrentado ahora y toqueteado, con la cabecita
de los cabros mirando la noche y la mañana al
mismo tiempo, sobre su evaporada canción de niño
sobre su juego de video más sangriento
por dentro. A Thomas lo quería pero bendíceme Oh Chile
vino a la cancha con él a bendecirnos, y ahí nos quedó
   claro
todo, absolutamente claro a todos.

—MARÍA DEL T. LEIVA ISLA:

It was Thomas I loved, for Thomas filled my head
with the love of love, like what you hear on the radio. And
   he made
everything happy, like children's prayers coming true.
We'd say Thomas and shouts would be heard behind
the door of the ears of the officers, until even those in the
   far-off alleys
listened to our songs, until this soap opera
began that I never wanted to speak of because once it
   started
you couldn't turn it off, although Thomas was the same as
   from the old
and tiresome show that you wanted to end, almost as if it
   had been written
by that same Thomas, with his crazy asterisk and his
   prayerbook
bleeding now and torn, with the little heads
of the kids looking out at the night and the morning
at the same time, over the fading song of the boy
with the bloodiest video game
inside. It was Thomas I loved but bless me, Oh Chile,
it came down to the field to bless us, and from there on to
   keep us clear
to all, absolutely clear to everyone.

—CARLITOS ISLA CONEJOS DICE:

Casa pareada para parejas, madriguera para las islas abiertas e inundadas de la familia conejo, qué fortuna la piedra que me sostiene, qué maravilla la mitad recién parida de esta población, los columpios y los postes de alumbrado público dinamitados por la carrera de tiburones bajo los palos, alegría entre los familiares y vecinos, alegría de los perros en la puerta de la nueva carnicería.

—CARLITOS ISLA CONEJOS SPEAKS:

Houses coupled with couples burrow through the islands opened and inundated with families of rabbits. How lucky this stone that sustains me, what a wonderful burst of newborns has arrived, the swings and the streetlights publicly dynamited for the
race of the sharks below the poles, what happiness among their families and neighbors, what happiness for the dogs
  in the doorways
of the new butcher shops.

—MARÍA POSESIÓN MORGADO ALFARO DICE:

A Carlitos Isla Conejos le tocó la parte de la casa
pareada, Carlitos tiene que poner la oreja en la
pared compartida, y escuchar cuando el hijo de la vecina
llegue todo tajeado. Carlitos debe ir repitiendo lo que
el cabro le diga a la vieja, y cuando lleguen los tiras
y cuando la vieja eche a la calle al hijo a cachetazos
y cuando le diga la hija que la deje entrar, y cuando se
sepa que la hija está preñada del cabro del auto negro
con vidrios polarizados. Carlitos debe decir todo eso
con la oreja pegada a la pared, de frente y detrás
de las cámaras, que van a estar encendidas
no, apagadas.

—MARÍA POSESIÓN MORGADO ALFARO SPEAKS:

For Carlitos, Isla Conejos took on the role of a house
divided. Carlitos had to put his ear to the
shared wall, and to listen when the neighbor's boy
would come home all cut up. Carlitos had to go on
    repeating what the
kid said to his old lady, and when the lashing began
and when his mother would throw him out into the street
    with swollen cheeks
and when she would say the girl could come back in,
and when it came out that the daughter was pregnant by
    the kid with the black car
and tinted windows. Carlitos had to tell all this
through the patched ear in the wall, in front of and
    behind
the cameras, which were about to be turned on,
no, shut off.

—EMILIO ONAISIN DICE:

Mi parte en la novela es cuando llegan
los hermanos Rineli a comprar al negocio
de enfrente. Van a venir con rifles
y mi perro va a empezar a ladrarle
a sus caballos. El que quede afuera se va
a enojar mucho y va a apuntarle a mi perro.
Y ahí es donde salgo yo, que es la mejor
parte del capítulo, y le digo que qué le pasa,
y entonces me quedo mudo, sordo, ciego, y quieto.

—EMILIO ONAISIN SPEAKS:

My part of the story is when the Rineli brothers
arrive to buy the grocery
across the street. They are going to come with rifles
and my dog is going to bark
at their horses. The one who remains outside is going to
   get
really angry and is going to aim at my dog.
And this is the point where I go out, and it's the high
point in the episode, and I say hey, what's up, and
then I am left behind deaf, mute, blind and silent.

Cuadro dice que era, cuadro sí y después
pura cuadra, cuadro, cuadro que regalaron
eso, y perdón, perdón sí, pero cuadro, foto
de presidente con cuadro, regalaron foto
y nombre parece que pusieron, nombre
y cuadro sería, eso sería, todo sí.

A frame, they say it is, yes, a frame and afterward
the frame of the projects, framed by regulation,
this, and then forgiveness, yes, but mostly my photo
with the president, framed, the regulation photo
and a new name it seems they put on it, a frame
and a name it would be, that's everything.

—MARY CAMPBELL BUQUE-QUEMADO:

Un incendio tiene que haber en la novela también,
en la tele los incendios son grandes y están llenos de
   preguntas
yo voy a hacer el papel del incendio, va a ser tarde cuando
abra la ventana y empiece a gritar, y luego voy a barrer
las llamas con mi escoba de rama, y voy a cepillar
las lenguas de fuego hasta dejarlas brillantes
sobre los techos pegados y las casas pegadas
van a quedar pegadas las tripas de mi barco
por las que van a darme dos días de permiso
y un vale de colación, y una canasta familiar.

—MARY CAMPBELL BUQUE-QUEMADO:

A fire has to be in the story too.
On the television, the fires are always huge and full of
   questions
I am going to play the role of the fire and it will be late
   when
I open the window and begin to scream and later I am
   going to sweep away
all the names with my broom made out of branches and
   comb
the tongues of fire until they give off a brilliant light
stuck on the ceiling and over the houses,
they will all still be glued to the insides of my boat
and for this they are going to give me a two-day voucher,
a ticket for a free lunch, and a holiday basket of fruit and
   sausage.

—LUIS PULGAR HARRIS DICE:

Si repaso la vuelta de la hora en que pusieron los martillos
y la repito con la cabeza bajo el reloj del sol a mediodía
no es que tenga pretexto aunque sí la boca tapada y la
  cabeza
sumergida en un tonel. Y no es que repase las veces que
  hablé
ni los pedazos sellantes ni de papel arrugado que me metí
a la boca, ni llevo a la ventana de la toma de la isla la casa
pareada donde me cortan los testículos, ni la escena
  donde
me abre a la boca el excremento que entra y sale
como loco. Si repito la escena será contra mi deseo
y si mi deseo sirvió para filmar esta chacra
de puercos, entonces denle a otro lo que queda
y déjenme ponerme los zapatos en paz.

—LUIS PULGAR HARRIS SPEAKS:

If it comes to the point in the hour when they're
  pounding out the hammers
and it keeps on repeating in my head below the clock of
  the sun at midday
I'll need no pretext even if my mouth is closed and my
  head
submerged in a barrel. I am not one to go over the times I
  spoke
nor the sealed-away things nor the wrinkled paper that
  closed over
my mouth, nor to linger at the window looking over the
  patched house
where they cut off my testicles, nor the scene where
they open my mouth in the excrement that enters and
  leaves
me insane. If this scene repeats itself it will be against my
  wishes
and if my wishes served for the filming of this small farm
of filth, then give to another what is left
and allow me to put on my shoes in peace.

—EUGENIO RÍO GRANDE DICE:

Yo me voy de vacaciones en esta parte y después aparezco
ahogado, muerto en un codo del río. Luego me sacan de
  la
morgue y me llevan a la iglesia. El Pastor Leal me hace
un funeral donde una vieja de negro se pone a dar vueltas
y vueltas tocando una pandereta. Todos cantan y bailan
y levantan las manos, hasta que la vieja se cae encima
del ataúd, y mi ataúd cae al piso. Claro, ustedes
se ríen cuando cuento esta parte de la escena. Se ríen, no?

—EUGENIO RÍO GRANDE SPEAKS:

I go for my vacation here and afterwards show up
drowned, dead at the bend in the river. Later they take me
  from
the morgue and carry me to the church. Pastor Leal gives
  me
a proper funeral where an old woman in black starts
  twisting
and turning, playing a tambourine. They all sing and
  dance
and raise up their hands until the old lady falls over
my coffin, and my coffin falls to the floor. All of you of
  course
will laugh at this point of the scene. It's funny, isn't it?

Yo no me río Eujenio, te prometo que no me
río, porque supieras lo que me toca en la parte mía
supieras lo que voy a tener que hacer, lo que
voy a tener que ponerme, y adonde voy a tener
que ir. Me da verguenza decirlo Eujenio, por eso
te digo que no tengo ni ganas de reírme, que no
tengo risa desde que me lo dijeron, sino nervio
mucho nervio porque si te lo dijera yo sé
que tú enseguida te mueres, de verdad
que te mueres.

I am not laughing, Eujenio, I promise you I am not
laughing, because you would know what part I played
you would know what I am going to have to do, what
I am going to become, and where I am going to have
to go. It gives me shame me to say it, Eujenio, and for that
I tell you don't even feel like laughing, I don't have
even a smile from what they told me, but only the will,
so much will because if I told it to you, I know
that you would immediately die, truly
you would die.

—PEDRO PUNTA BAJA DICE:

Claro que te mueres, pero te aguantas y al final
te mueres, no es que te digan o no te digan
ni que te salga la sangre en una palabra mal
dicha, ni con una piedra en la cabeza ni un golpe
de dados ni de pala, ni un trampolín donde
saltar de un techo a otro, ni una toalla que usar
para colgarte de pie de la viga del entretecho
ni de la viga del subterráneo ni de la viga
que ladra debajo de la cama o debajo
de la ventana o entre las piedras que entran
en tus orejas, en el temporal del vecino
de enfrente, de al lado, de atrás, todos
con sus cumbias a todo dar entrando
y saliendo por las ventanas.

—PEDRO PUNTA BAJA SPEAKS:

Of course you die, but first you endure and in the end
you die, it is not what they told you or didn't tell you,
nor that you left your blood on some sordid word
you said, nor the stone to your head or the blow
from a hand or a shovel, nor a trampoline where
you leapt from one roof to another, nor a towel by which
to hang by your feet from a beam in the attic
nor a beam underwater nor a rafter
that creaks below your bed or below
a window or between the rocks that enter
through your ears, from the storm of your neighborhood
from the front, from the sides, from behind, all
of the blasting, pounding music that enters
and leaves through your windows.

—CLORINDA OVEJERO DICE:

No las ventanas sino la verdad, di
quiénes se quisieron matar primero, di
que los pillaron y echaron a la calle y que luego
se quedaron dando vueltas con los dientes
apretados y sin dientes. Pero estaban todos
cansados de ver pasar a los chicos y decir
que de aquí no iban a salir, que habían salido
de allá, pero de aquí no, y entonces se iban
a la cancha, y se veía que andaban en algo
malo, que se traían algo entre manos, pero quién
iba a pensar que era eso lo que traían
entre las manos, que traían su
cajón que se abrió y cerró con las manos
de sus madres, que los sacaron de bolsas negras
y les lloraron tres días y tres noches mojándoles
el cuello, y con sus mismos cabellos les secaban las
lágrimas, mientras les preguntaban si al menos
no les había dolido tanto.

—CLORINDA OVEJERO SPEAKS:

Not windows but the truth say
those who wanted to kill themselves first, say
those who were caught and thrown into the streets and
   who later
stayed, roaming around, gritting with their teeth
or without their teeth. But they were all
tired of seeing the boys pass and saying
you cannot leave here, that they had left
from there but not from here, and from then on they went
to the field, and it was clear they were involved in
   something
bad, that they were carrying something in their hands,
   but who
would have thought that this is what they brought
in their hands, that they carried their own
coffins, to be opened and shut with the hands
of their mothers, who took them out of black bags
and cried three days and three nights, soaked down
to the neck, that with their own hair they dried their
tears, all the while being asked if at least
it hadn't been all that painful.

TODOS ESOS NOMBRES
SON MIS NOMBRES

ALL OF THESE NAMES
ARE MY NAMES

—CH. F. DICE:
ACASO ME HAYA SIDO DADO
MORIR MÁS DE UNA VEZ

y si eso fuese mi corazón partido en una piedra
o echado a estilar sobre una roca consagrada
lo mismo hubiese sido hombre entre mis ropas
o mi pobre inventario desarmado de estos huesos.

Quizás me haya sido dado morir más de una vez
y mi corazón se haya cansado de su propia
multitud, pero si aún se levanta a cualquier hora
y da vueltas sin dormir a mediodía, no quisiera dar
todavía un solo nombre ni una taza de leche
en un tronco arropado en las mañanas.

Muchachito que miras con ojos transformados
el espejo eres tú en el árbol centelleando:
movido por el viento es el fruto más hermoso
y acaso se te muestre riendo entre sus ramas
 aunque en verdad esté llorando o no sepa
qué en ese cielo sembrado de raíces.

Si se me ha dado morir más de una vez, que no
descubra antes ese arpegio, los finales repetidos
pierden toda ventaja, los oídos se acostumbran
a la hora de la marcha, y se cierran cuando bajan
las persianas los lectores de letreros y de trabas.

Si en las tablas viene el número grabado de mi día
que se bajen disfrazadas sin dejarme ni mirarlo.
Que un zorzal haga su nido en mi cabeza de ramas
mientras fume y dé un paseo este sueño en la ceniza.

—CH. F. SPEAKS:
PERHAPS I WAS GIVEN THE CHANCE
TO DIE MORE THAN ONCE

and if this were so my heart split into a stone
or distilled itself drop by drop over a sacred rock
I would have been a man anyway inside my clothes
or my poor inventory disarmed among these bones.

Maybe I was given the chance to die more than once
and my heart became tired of its own
multitudes, but if at some time it rises
and turns suddenly sleepless at noon, I would not want to
  give
everything to a single name nor a cup of milk
to one stiff soul wrapped in the sheets of morning.

Little boy who sees with eyes transformed
you are a mirror in a glittering tree:
moving with the wind is your most beautiful fruit
and perhaps it will show you laughing amongst the
  branches
even though in truth you would be crying or you wouldn't
  know
what to think in this sky sewn with roots.

If it's true that I have been destined to die more than once,
  I wouldn't
want to discover this arpeggio before, my repeated finales
would lose all their advantage, my ears becoming
  accustomed
to the hour of the march, and closing when they lower
the blinds for the reading of lectures and the shackles.

If on the tablets there comes a number engraved with the
  date
may it arrive here disguised without allowing me to look.
Like a thrush who makes its nest in my head of branches
while it burns and this dream takes a walk in the ashes.

Ch. F.
†15/07/1988

Descansa. A pesar de mi te amé, a pesar de tu cuerpo dormido bajo los cerros nevados. Amortajado en tu sábana larga, es de sed que escuchas estas sílabas. Pero apaga tu boca el agua de algún río? Mientras tanto, duerme. Cuando te hablen no escuches. Haz que todos te quiten el saludo.

Ch. F.
† 07/15/1988

Rest peacefully. In spite of myself, I loved you, in spite of your body asleep below the snowy hills. Wrapped up in your grand sheet, it is out of thirst that you listen to these syllables. But would you want to extinguish your mouth in just any river? Meanwhile, sleep. When they speak, pay no attention. Make sure that no one now even says hello.

Ch. F.
† 17/04/1971

Pregúntale por qué no te dio un nombre cuando baje, cuando diga para qué se llevó la mano a la cabeza si se le abrió todo el brazo hasta la sangre, cuando diga que abrió su boca y se le rajaron las mejillas de tanto reírse de ti, de tanto hacer fila ante la tumba de su hijo, el que se ahorcó el 17 de abril del 71 porque estaba sin nombre parado frente a ti, y porque tú te reías y querías pegarle con una rama de sauce, y le robabas lo poco y nada que él tenía. Estaba tan enfermo que no quiso venir a verte, dijo la mamá, mientras usted padre se reía, se reía y yo lloraba—para adentro—lloraba, no sabe cuánto.

Ch. F.
† 04/17/1971

Ask him why he did not give you a name when you descended, and when he spoke why he raised his hand to his head if he would lose all the blood from his arm, when he said it he opened his mouth and practically split his cheeks in two laughing at you, lining up at the tomb of his son, the one who hung himself on the 17th of April in '71, because he stood before you without a name, and because you laughed and wanted to strike him with a willow branch, to take away the little or nothing he had. He was so sick he did not want to come to see you, his mother said, while you the father laughed, laughed and I cried—from the inside—cried, you do not know how much.

Ch. F.
† 20/06/1995

Hijitos, míos perdonen/que me lo haya hecho, que/ ustedes
sabían que el papá estaba/ viejito, ustedes/ mismos decían
Christian/ estás viejito, tienes/ 35 y estás viejito/ y no crean
que no/ los amé, es más, es/ porque los amo aún, más/ que
mi sangre que/ se escapa, más/ que la sangre que/ lo hice,
no/ quise gritar ayer/ pero quise ser/ otro cada mañana/ a
ver si salgo/ en otra planta ahora hijos, a ver/ si alcanzan
esa planta antes/ de nacer/ y la cortan.

Ch. F.
† 06/20/1995

Little ones of mine, forgive me/ for what I have done, for/
you knew your papa was/ an old man, I know/ how you'd
say Christian/ you're an old man, you are/ 35 and that's old/
and don't think that I/ didn't love you, it's more than that,
it's/ because I love you still, more/ than my own blood that/
ran off, more/ than the blood that/ did not want to scream
at you yesterday/ but wanted to be/ another person every
morning/ to see if it could come back/ as some kind of plant,
my children, to see/ if you could reach out/ and cut it off/
before it is born again.

Ch. F.
† 12/12/2002

Mi vidita/ qué mas da mi vidita/ tanto para qué /si mejor hubieras estado/ sola desde el principio/ para escucharme decirte todo lo nada/ mejor te hubieras quedado sola/ desde el principio/ lo que sí es que te amé, tú/ sabes que te amé y que si no/ hice nada fue porque estaba/ todo el día pensando qué/ diría cuando llegaras, qué/ dirías cuando fueras a abrir la puerta y yo /estuviera parado sin ninguna explicación para estar ahí /de pie, y precisamente por eso/ lo hice: yo/ estaba parado sin ninguna /explicación para estar ahí / de pie, entiendes? ninguna/explicación para estar ahí /de pie.

Ch. F.
† 12/12/2002

My little life/ what more could you give, my little life/ what would have been/ if more could have been/ only from the beginning/ to listen to me tell you that nothing/ more would have happened if you'd been left alone/ from the beginning/ what is true is that I loved you, you/ know that I loved you and that if/ you had done nothing more it was because I was/ thinking the whole day that/when you got there, if/ you could open the door and I/ might have been there motionless without any explanation for/ standing there, and precisely for this/ I did it: I/ was motionless without any/ explanation for/ standing there, do you understand? not a single/ explanation to be there/ standing.

Ch. F.
† 23/10/2006

Óyeme *Señor, en este mundo contaminado de pecados y radiactividad, Tú no culparás tan solo* a un poetucho provinciano, *que como todo* poetucho provinciano *soñó* volarse la cabeza, y bla, bla, bla.

Ch. F.
† 10/23/2006

Hear me, *Lord, in this world contaminated with sin and radioactivity, do not blame too much* this poor provincial poet, *who like any* poor provincial poet *dreamt* of blowing his brains out, and bla, bla, bla.

EPÍLOGO

EPILOGUE

EL CEMETERIO MÁS HERMOSO
ABIERTO AL
NAUFRAGIO AL SUEÑO

THE MOST BEAUTIFUL CEMETERY
OPENS THROUGH
SHIPWRECKS AND DREAMS

VELAS DISPUESTAS AL
NAUFRAGIO Y AL SUEÑO

Las palabras escapadas de un guión se escuchan repentinas de mañana, las enhebra una suerte de señuelo encanecido, una semblanza que zarpa a perderse entre acantilados, en los estrellados fiordos ceñidos a su brumoso despertar, al inquieto desperdicio agitado de las respiraciones. Al fondo de cada presentimiento se baraja un sueño que es a la vez un sendero y un arroyo grueso. Las palabras se acortan en el circuito del aire, en el verano de su esquema se despeña la mirada. Partes, y un parpadeo tuyo equivale a todo un día.

SAILS UNFURLED BETWEEN
THE SHIPWRECK AND THE DREAM

They listen to the escaped words of their captain repeated every morning, as he threads a false destiny growing moldy, a life-sketch that sets sail to lose itself between the cliffs of the sea, in the starry fiords surrounding his foggy awakening, with the gurgling waste that troubles his breathing. Beneath each foreboding shuffles a dream that is at once a path and a thick river. His words are cut off in the circuits of the air, in the summer of his plans that collapses his gaze. You set off, and one blink of your eyes lasts an entire day.

JUNTO AL SENDERO
Y LA ESPESURA

1

Subimos juntos el sendero entre las aguas del llanto, y desde ahí hasta el final de la vista se abría un arroyo grueso que al parpadear crecía por temporadas, y la velocidad de su crecida se abría con el bostezo del sendero cuyo pezón era rojizo. Como al principio, no eran los parpadeos del tamaño del sol, ni las ramas para los días como si fuese una mirada sin punta. Junto al sendero había una visión repetida, una rama sin párpado que se movía en el secreto de la espesura. Reía o lloraba dependiendo quién la mirara.

2

Las aguas son las sombras y las nubes que vimos ante el estrado dicho, fuera del sueño no hubo ni asomo del testamento prometido, bien mirados los surcos blancos eran círculos concéntricos del color de la sangre de la mar de la sangre, el agua perdida remontaba su montaña, la vieja ola bajaba del calor hasta perderse. No estábamos confundidos cuando dijimos que las aguas del llanto no eran saladas ni dulces, sino saladas y dulces al mismo tiempo.

BETWEEN THE CHANNEL
AND THE WIDENING EXPANSE

1

We went together up the channel between the waters of tears, and from there to the final vista that opened upon a thick river that flickered, growing with the season, and the speed of its growth opened with a yawn of the channel whose nipple glows red. At first, there was no flickering the size of the sun, nor branches for the days that stretched without end. Together in the channel the vision repeated, a branch without an eyelid that moved secretly in the expanse. Smiling or crying, depending on who is looking.

2

The waters are the shadows and clouds that we saw at this stage, were the dream we never had, that never revealed its promise. They gleamed, the white furrows were concentric circles with the color of blood from the sea of blood, the lost water retracing its mountain, the old wave sinking under the heat as it lost its way. We were not confused when we said that the water of tears was not sweet or salty, but instead salty and sweet at the same time.

AL FONDO DE LA PÁGINA BLANCA

Un pedazo de luz se desprendió de esos círculos, un trozo sin medida con forma de lápida o de página intercambiando en el aire sus consonantes: página lápida se escribía en las pantallas del aire, las vocales se mantenían firmes y las luminosas se herían como dando a luz inmensas pampas del porte de un disco duro. Pero al fondo de la grava del sendero se adivinaba una forma que era una verdadera palabra, que era a su vez su tronco blanco y su epitafio. Desde el lugar en que estábamos no podíamos leer, pero se veía la imagen animada de un barco que repetía un naufragio chocando estrepitosamente con los bancos y acantilados de eso escrito. Sin embargo, después de mirar por algún tiempo, la visión comenzaba a cambiar, y aunque nunca lograbas la lectura, al fin podías ver tu rostro rompiéndose en esos acantilados.

BENEATH THE BLANK PAGE

A particle of light breaks loose from these circles, a piece too small to measure with the form of a headstone or a page interchanging its consonants with the air: stone page written on the screen of the air, vowels that hold their ground and luminous ones that hurt as if giving birth to the light of the immense prairies condensed to the size of a hard drive. But at the base of the gravel of the channel was foretold the form of one true word, that was in its time your white trunk and your epitaph. Beyond this place where we were, we could read no more, but there saw the animated image of a ship that kept repeating its shipwreck miserably along the shoals and cliffs of this writing. However, after seeing it one more time, the sight began to change, and although you never managed to finish the reading, in the end you could still see your face broken across these cliffs.

AL FONDO DE LA PÁGINA BLANCA

Después pudimos ver el arroyo grueso y las aguas del llanto inundando el disco duro de las pampas. Tanta era el agua que el disco se levantaba de sí con las bocas de otros anunciando que la conexión había caído, pero la conexión era un eslogan que abría páginas donde el tronco blanco y el epitafio eran la población y la toma en que veías todos los rostros. Y esos rostros eran acantilados.

BENEATH THE BLANK PAGE

Later we were able to see the thick river and the waters of tears inundating the hard drive of the pampas. There was so much water that the drive rose up from the mouths of others announcing that the connection had failed, but the connection was a slogan that opened the pages where the white trunk and the epitaph was the project and the barrio in which you could see all the faces. And these faces were cliffs.

EL BARCO Y EL NAUFRAGIO

Ver y no leer se podría decir que fue esa animación, esa porción de agua de llanto que nos volvió a llevar al secreto de la espesura. La rama volvía a subir con su tinte rojizo hacia el fin de la hoja, la nieve abiertamente rojizo su borde, el copo de voz que caía como un rezo, las pantallas reventadas en su pornografía más dura, en los cuerpos penetrados por todos sus flancos, la animación repetida y completa con tu rostro y el rostro de todos, la mediagua madre cuya proa era de hueso, las estampitas de la Virgen y las fotos en blanco, un falo enorme repitiendo en las bocas su vagido, unas pastillas—de la muerte—y un vaso de agua frente a ti.

THE SHIP AND THE SHIPWRECK

To look and not to read can make it all seem a cartoon, this portion of the water of tears that brought us back to carry the secret of the thicket. The branch returned to raise up the red tint at the edge of the leaves, the snow openly red along its borders, the light flake of a voice that fell like a prayer, the screens exploding with their endless pornography, bodies penetrated from every side, the cartoon repeated and complete with your face and the face of everyone, the mother in the shelter whose prow is made of bone, the prints of the Virgin and the photos in white, the enormous phallus repeating in the mouths its birth cry, the pills—of death—and a glass of water in front of you.

EL BARCO Y EL NAUFRAGIO

Luego mi parte del entierro se hizo en la pantalla, y el arroyo corrió hacia atrás al escribir mi clave de acceso, sólo que mi cifra era una palabra arrastrada por el agua del llanto, y un inmenso amor se la llevaba hasta perderla en el espacio tiempo del disco duro. *Para intentar entrar a tu casilla,* decía ahora un banner en la pantalla del sendero, *haz click en el link de sangre con el botón derecho.* Al hacerlo se abrió de inmediato otra pantalla en la que vi mi rostro con todos mis ojos y mis nombres que repetían *el vacío de la muerte es el fulgor de la vida, tómate esa pastilla con un vaso de tu sangre.*

THE SHIP AND THE SHIPWRECK

After my part of the burial there was a screen and the creek ran backwards to write my access code, only in my numbers was a word dragged across the water of tears, and an immense love that carried on until it was lost in the space time of the hard drive. *To enter your log-in* spoke the banner now on the screen of the path, *right-click on the link of blood.* Doing so opened immediately another screen in which appeared my face with all my eyes and my names repeating *the vacuum of death is the splendor of life, take this pill with a glass of your blood.*

EL FONDO DE LA MAR

1

Entonces tomé la pastilla en la palma de mi mano y bajé hasta el fondo del color de la sangre de la mar de la sangre, allí leí una rosa marina que abría sus pétalos sobre la cabeza de una figura, *soy el fondo del silencio creciente* dijo la figura, *moro al fondo de esta rosa perpetua cuya mirada no resiste su luz ante las aguas; pero este fondo no es el fondo de la mar, y debes seguir bajando,* dijo la figura que ahora tenía forma definida y era un barco tripulado de esqueletos, y en el pañol del barco iba yo mismo entrando a la boca del Estrecho, y me vi, mirándome cuando abordaba ese barco, y yo estaba en el pañol puro hueso, y me miraba mi rostro de miedo, y me decía *anota el nombre de este barco,* y me volvía a mi bote, y me quedaba tendido en el pañol, y la rosa se volvía al fondo de la ola que volvía al fondo de la mar.

2

No pude, como era de esperar, resistir el fondo de la mirada de la mar, ni el fondo de mis propios ojos vaciados al fondo del barco de la espina de la rosa en su mirada, la pestaña de la mar se levantaba antes que yo llegara al fondo, y yo con ella. Abajo quedaba el lugar donde se abren las miradas, la palabra y el epitafio en el sobre olvidado, la pestaña en la mejilla de la que el tallo se aferra.

THE END OF THE SEA

1

Then I took the pill in the palm of my hand and descended to the bottom of the color of the blood from the sea of blood. There I read a sea rose that opened its petals above the head of one figure. *I am the depths of the silence growing,* said the figure, *I reside at the end of this perpetual rose whose gaze does not resist the light before the waters; but this end is not the end of the sea, and you have to continue descending,* said the figure that now had a defined form and it was a ship manned by skeletons, and into the hold of the boat I went as well, entering the mouth of the Strait, and there I was, looking at my own self as I boarded this boat, and I was, in the hold, pure bone, and I saw my face of fear, and told myself *note well the name of this ship,* and I returned to my boat, and remained lying in the hold, and the rose returned to the end of the wave that returned to the end of the sea.

2

I couldn't, though it was my hope, resist the depths of the sight of the sea, nor the depths of my own eyes hollowed out in the depths of the ship of the thorn of the rose in its sight, the eyelash of the sea that awakened before I arrived in the depths, and me with her. This place remained below, this place where sight opens, the word and the epitaph in the forgotten envelope, the eyelash on the cheek of she whom the stem anchors.

EL FONDO DE LA MAR

1

Expulsado de ese fondo pero antes de volver al arroyo me eché sobre la orilla y me quedé dormido. Soñé que me encontraba colgado y delante de mí había un vaso y una pastilla, pero antes que pudiera tomarla entraban las voces de todos, voces que parecían como voces de orgías, y mi sed era tan grande que yo decía *si me enredo con ellas será sólo para beberles la leche de sus pechos,* y ellas se abrían como el arroyo del agua del llanto y yo me echaba a nadar y entonces se abría la luz de sus cuerpos que era tan grande como el disco duro de la pampa. Yo traspasaba esa luz, y estaba en el mismo lugar del comienzo, despierto, pero mi sed tenía otro nombre, y yo caminaba por la orilla, y las olas del color de la sangre de la mar de la sangre me decían *tu sed es como la nuestra, allá está el bar de la costa. Si entras tú,* decían, *entramos nosotros.*

2

Ese bar se llamaba el bar de los apóstoles, y allí encontré de nuevo mi viejo esqueleto sin ojos, bebiendo por mi viaje repetido. *Este mar está custodiado de sus náufragos,* dijo mi esqueleto mirándome con sus cuencas oscuras. *Como tú, aquí vienen a beber los redimidos por el agua, los intoxicados por la sangre de Cristo, los callados en la luz púrpura. Vienen aquí los amigos silenciosos y llegan puntuales,* agregó. *Creo haber oído eso antes,* dije descuidadamente. *Comparte mi mesa, pero bebe y no interrumpas mi sueño,* me dijo volviendo a su copa. Al levantar mi vaso—que estaba servido y era de oro—lo escuché murmurar cosas inteligibles. Y vi que lloraba, *el más hermoso* decía, y tomaba de su vaso. No me atreví a consolarlo, ni apoyar mi mano en su hombro, como hubiese hecho con un buen amigo. Entonces entraron las olas.

THE END OF THE SEA

1

Expelled from the depths but before returning to the river I lay down on the shore and remained asleep. I dreamt I was hanged and in front of me there was a glass and a pill, but before I could take it the voices of everyone arose, voices that seemed like the voices of orgies, and my thirst was so great that I said *if I become entangled with these women I will be the only one to drink the milk from their breasts,* and they opened like a river with the water of tears and I threw myself in to swim and the light in their bodies opened as if it were the grand hard drive of the pampas. I pierced through the light, and was in the same place where I began, awake. But my thirst had another name now, and I walked along the shore, and the waves were the color of blood from the sea of blood and they told me *your thirst is the same as ours, here is the bar of the coast. If you enter,* they said, *we will enter.*

2

This bar was called the bar of the apostles and there I met anew my old skeleton without eyes, drinking for my return voyage. *This sea is the custodian of the shipwrecks,* said my skeleton, looking at me with the dark sockets of his eyes. *Like you they drink here the redemptive waters, intoxicated on the blood of Christ, the quiet ones in the purple light. They come here, the silent friends and they always arrive on time,* he added. *I think I have heard this before,* I said casually. *Share my table, but drink and do not interrupt my dream,* he told me, returning to his cup. Upon lifting my cup—served here and made of gold—I heard him mutter unintelligible things. And I saw that he was crying *the most beautiful* he said, and took up his cup. I could not console him or put my arm on his shoulder, as I would have done with a good friend. Then came the waves.

OLVIDADO AL FONDO DE LA MAR

Me deshicieron las olas de esa vieja nostalgia, el estrépito de su estertor llevó los huesos lejos de sus semillas, el párpado rojo del sendero cansado de su rama herida dejaba ver una estrella alcanzando su día y su nombre. Así subí al sendero y la espesura se insinuaba ahora como una variante del disco duro de la pampa que parecía no haber recorrido antes y haberla recorrido a mandíbula batiente junto a un batallón de esqueletos. Me reí sin alegría y esa risa me pareció conocida, me palpé las costillas y caí en cuenta que aquello eran las llaves que andaba buscando. Saque una y escribí su nombre en una de las pantallas del sendero. Se abrió una ventana de la que salió una ola disparada. *La ola se llama castigo*, arrojaba un mensaje. *Haz click en el link de sangre con el botón derecho*. Al hacerlo, agregaba *el viejo movimiento hacia adelante es el castigo* pero no me alcanzaba a dar cuenta, por la velocidad a la que estaba desplazándome.

FORGETTING THE END OF THE SEA

They undid me, the waves of old nostalgia, the racket of the death rattle carried the bones far from their seeds, the red eyelid of the channel worn down by the wounded branch revealing a star reaching toward its day and its name. And so I rose up the channel and the thickness of it offered now a new route for the hard drive of the pampas that seemed never to have been crossed before and to have been crossed by a hinged jaw, together with a battalion of skeletons. I laughed without joy and this smile seemed familiar. I felt the ribs and realized they were the keys I'd been looking for. I took out one and wrote its name on one of the spokes of the channel. It opened a window through which emerged the surge of a wave. *The wave is named punishment*, spewed out the message. *Just click on the link of blood with the right button*. To do this, it added, *the old movement forward is the punishment* but I couldn't catch up to tell the story, for the speed was so quick that it displaced me.

UN GRUPO ES UN CEMENTERIO

Este grupo blanco nació entre tus huesos me decía la mujer mirándome a los ojos mientras yo tomaba nota frente a mí, *yo estaba parada con la gente del pueblo* decía yo, *y la gente tenía pena por esos pobres diablos,* yo me miraba anotar y me seguía escuchando, *hay una inscripción al reverso del destino* dije, *pero el pasto ya no fue el mismo después que esos cayeron ahí,* decía yo, *el sur no fue el mismo después de ese motín,* decía yo, y me miraba anotando y me escuchaba decir que estaba triste, que como buena madre yo los hubiera perdonado, que ya no teníamos rencor por esos pobres, que el estruendo fue atronador y los hombrecitos caídos se hacían en el pasto que no era verde sino rojo, *como esas olas* dije—dijo yo—*como esas olas.*

ANY GATHERING IS A CEMETERY

This white group was born between your bones she told me, the woman looking me in the eyes while I stared straight ahead. *I was frozen with the people of the town,* I said, *and the people were grieving for those poor devils.* I watched myself taking notes and she continued listening, *there's an inscription on the reverse side of destiny* I said, *but the pasture was never the same after they fell there,* I said, *the south was not the same after that riot,* I said, and she watched me taking notes and listened to say it was sad, as if like a good mother I had forgiven them, that now we did not have succor for the poor, that the din was deafening and the fallen men had made the field no longer green but red, *like those waves,* I said—and I say—*like those waves.*

UN GRUPO ES UN CEMENTERIO

Las olas eran en realidad una bala, bueno, más de una pero fue una la que escuché salir de un rifle entre todos los rifles, escuche exactamente la bala que me llegó justo después que me vendaran los ojos y me hicieran hablarle a dios, entonces al salir la bala yo pedía que me recordara del sendero que fue inundado por mi calor, y en el que escuché un sonido como de cascos de caballos, pero que en realidad era el ruido que un hombre hacía al empujar las letras de un largo plato, y yo pensaba si iría a hacer sol mañana cuando llegó la bala y me dejó en el suelo. Sólo que todo eso fue tan rápido y yo estaba sentado escribiendo sin parar, y por ver eso fue que me moví un poco, entonces la bala no me dio entera, y como vieran eso escuché salir otra bala mientras seguía escribiendo, sólo que esta vez no pensé nada entre oírla y salir, dejándome allí olvidado. Pero entonces sí que sentí la ola, que supe, era del color de la sangre de la mar de la sangre, aunque de pronto ya no estaba.

ANY GATHERING IS A CEMETERY

The waves were in reality a bullet, okay more than one, but there was one that I heard shot from a rifle amidst all the rifles, heard the exact bullet that I took just after they were bandaging my eyes and I began talking with God. Then after the bullet left me I asked it to take me to the channel that was flooded with my passion, and in it I heard a sound like the hooves of horses, but in reality it was the sound of a man as he began to push letters on a huge keyboard, and I wondered if it was going to be sunny tomorrow when the bullet arrived and sent me to the ground. Only all of this went by so fast and I was sitting, writing without stopping, for to see all this moved me a little, then the bullet must not have taken all of me, and they saw that I listened for another coming while I continued writing, only this time I thought nothing between the hearing and the entering, leaving me there forgotten. But then, yes, I could feel the wave, I knew it was the color of the blood from the sea of blood, though all at once it was gone.

DE HUESO SE HACE LA LETRA

Cuando las olas llegaron al Puerto justo me fueron desprendidas presillas y botones. La túnica blanca yo la veía cambiando de rojo a verde, y luego de verde a rojo, pero todos la veían blanca hasta que me empezaron a partir. Yo me hacía el duro y aparecía un lienzo como de luz, que era tan raro porque era blanco y había unas palabras que no alcanzaba a leer, pero el lienzo se movía y yo me movía con él, y me hacía fuerte verlo, y lo que veía eran las letras de mi hueso entendí, no sabía si me había levantado tarde y estaba pasando al otro lado del aire, porque habían unos gemidos que eran como de un hombre que estaban destazando, pero ese mismo hombre era yo y como que temblaba porque también tenía el hacha en la mano, o sea que yo era a la vez el cortado y el del hacha, y yo escuchaba el llanto y el gemido que salía de los dos a igual distancia, pero después escuché que hacían un nudo bajo el techo de mi casa, y que había una tabla que llegaba hasta la playa del Puerto, y yo me iba hasta la playa, y entonces en lugar de mis ojos yo veía con las olas. Y había muchas olas.

THE LETTERS ARE MADE OF BONE

The waves arrived at the Port just as they were stripping me of my stripes and buttons. The white shirt I saw combined the red with the green, and later the green with the red, but everyone saw it as white until they began to divide me. I had become stiff and seemed more like a canvas of light that was too strange because it was white and had some words that it was not possible to read, but the canvas was moving and so I moved with it, and it gave me the strength to see it, and what I saw were the letters that my bones had known. I didn't know if I had woken up late and was passing to the other side of the air, because there was weeping as if from a man who was being dismembered, but that same man was me and he trembled because he also had the hatchet in his hand, or was it that I was at the same time the slicing and the hatchet, and I was listening to the tears and the wailing that came from them both, at equal distances, but after that I heard there was a noose below the roof of my house, and it was a slab coming up onto the beach of the Port, and I went up to the beach and then instead of eyes I saw with the waves. And there were many waves.

DE HUESO SE HACE LA LETRA

Entonces bajé la copa que era de oro y vi que tenía un diente que se me había caído, y escuché que yo decía *ya andas en tomas y ya* no sé qué más decía pero entonces me vi de nuevo e iba de la mano de otro hombre, entonces yo temblaba de fiebre, y veía mis manos enlazadas a las manos de ellos y con mi mano que estaba más cerca yo tomaba un fierro que hablaba y me decía que yo era el mismo amor enlazándolo todo. Y del fierro salía fuego que entraba en mi cabeza del otro yo mismo que llevaba tomada mi mano, y entonces sentía que un llanto largo y un gemido muy corto salían a la distancia, y yo me decía a mis otros dos que no me iba a ninguna parte y me echaba tres disparos y luego me ponía una piedra en el pecho de ellos para no irme, y una ola me decía *quédate porque alguien te va a destapar, y te van a poner otro nombre.*

THE LETTERS ARE MADE OF BONE

Then I lowered the cup that was made of gold and saw it had a tooth which had fallen out of me, and I heard what I said, *you are always out drinking and now* I had nothing more to say but then I saw myself anew and it was as if my hand was the hand of her other lover. I trembled with fever and I saw my hands bound with their hands and with the hand that was closest I took an iron that called out to me and said my love was the same love blazing in us all. And from the iron came a fire that entered my head and the head of this other as well, whose hand had become mine, and then I felt a huge tear and the wailing went quickly across the distance and I said to my other two that I had never left and I fired three shots and later put a stone on the chests of the others that they would not leave me, and a wave told me *stay because someone is coming to uncover you, and will place on you your other name.*

LLANTO Y GEMIDO ASOMAN
A IGUAL DISTANCIA

1

A igual distancia llanto y gemido y golpe de pala, porque entonces empezaron a destaparme y primero no se veía sino lo negro terrestre, pero entonces se empezaba a destapar el cielo sobre el agua y el pasto, y algunos decían unas palabras entrecortadas y seguían con la pala, cuatro cabezas sobre mí, y cuatro distancias de mis ojos a los ojos de mis ojos, y mi cabellera y mis huesos llenos de estrellas blancas.

2

Antes, un caballo pastando sobre el pasto entonces verde y ahora enrojecido, un caballo de hueso y su rienda en los huesos de mi mano.

3

Llanto y gemido asoman a igual distancia sacando las últimas paletadas de tierra. Mis muchos huesos al aire libre, saliendo de su viejo astillero.

4

De los ojos de mis ojos a mi propia calavera no hay canción para secar a mis amantes, ni reparo en las distancias que de yo a mi se abren. Es de noche en las excavaciones. Ni me veo, ni me escucho.

WEEPING AND WAILING ASSUME
AN EQUAL DISTANCE

1

An equal distance between weeping and wailing and the strike of the shovel, because then they began to uncover me and at first I could only see the dark soil, but then they began to uncover the sky above the water and the field, and the others said the difficult words and continued with the shovel, four heads above me, and four distances from my eyes to those eyes to my eyes, and my hair and my bones full of white stars.

2

Before, a horse passing over the pasture, first green and now reddening, a horse of bones with the reins of its bones in my hand.

3

Weeping and wailing assume an equal distance removing the last shovelfuls of earth. My many bones open to the air, leaving the old shipyard.

4

From the eyes of my eyes to my own skull there is no song to blot out my lovers, nor to mend in the distances that which they opened in me. It is the night of the excavations. No one sees me, no one hears me.

LLANTO Y GEMIDO ASOMAN A IGUAL DISTANCIA

1

A veces mis ojos negros de vaciados: del pasto al cielo de la noche, a poco me fui secando de narices y de sombra. Alimento para las fieras decimos cuando me tomo con cuidado y me deposito despacio. Digo Joaquín, mientras ato mis huesos con alambre.

2

Dormido y en posición de caballo, primero sangre corriendo sobre mis sienes, mi sangre detenida sobre el piso de mi boca, la cabeza quebrándose como el frío de mi casa. Te encontré para llevarme en tu ropa, pienso. Mientras digo Jesús, pongo mis huesos en un cajón de manzanas.

3

Distancia de la pala a mi párpado, o a lo que era mi párpado. No esquivé mi nariz ni mi brazo para llevar mi viaje con alambres, no soy yo manejando la faena ensangrentada, ni el bucle seco que arrimé a tu pecho como naciendo de nuevo. Yo sí que estoy naciendo muerto a la distancia, saliendo de la tierra llorando, pidiéndome una boca para decir mi nombre. Mientras digo Eugenio, una ronda de púas me aleja de mí.

WEEPING AND WAILING ASSUME AN EQUAL DISTANCE

1

At times my dark and vacant eyes: the field of sky in the night slowly drying my noses and my shadow. Fuel for the beasts, we say, while I drink and slowly settle in. While I tell Joaquín, I bind my bones with wire.

2

Half-asleep in the position of a horse, first blood running over my temples, my blood pooling over the floor of my mouth, my head breaking like the cold of my house. I met you in order to dress in your clothes, I think. While I tell Jesús, I put my bones in a crate of apples.

3

The distance of the shovel from my eyelids, or that which were my eyelids. I cannot turn away my nose nor my arm to take up my journey of wires, I am not the one handling the bloody cape, nor the dry loop of hair that draws me toward your chest to be born once again. I am someone born dead in the distance, leaving the weeping earth, asking for a mouth to speak my name. While I tell Eugenio, a circle of thorns keeps me away from me.

LA UNA Y LA OTRA QUEBRADAS

1

La ola del color de la sangre de la mar de la sangre me llevó de vuelta al sendero. Fue así: repartido sobre las cajas y llevado por todas mis manos y cantada mi ronda de púas me acerqué a una gran ballena que estaba a la orilla de la playa. Entonces con todos mis yo comenzamos a cortar grandes trozos de ballena para llevarlos y plantarlos en el sendero, pero sucedió que los trozos de ballena comenzaron a juntarse y se armaron de nuevo dejándome dentro, ahogándome, y haciéndome volar la cabeza. Tenía mucho sueño y subía por mis manos y mis dilatadas pupilas y mis vaciados ojos, hasta que la bestial figura abrió sus fauces y entró como una corriente de cuatro cientos millones de voltios el agua del llanto, y me tomó de costado y me dejó en la puerta de mi casa donde se habían abierto mis venas y vaciado mi sangre a los pies de alguien que no recuerdo. Me desperté pensando que había soñado con ese alguien, y que el calor del río de la sangre era el color de la sangre de la mar.

2

De frente al sendero y la espesura vi el círculo concéntrico de la vieja pantalla vaciada que me pedía encontrar su cadáver, y hablaba algo de mi madre y de una bandera ondulada, y la vieja pantalla quería que el viento se la llevara pronto pero no sin que antes la viera yo, y decía que por eso me había hecho morir como un perro tantas veces.

3

Subí el sendero hasta llegar al borde del agua del llanto y encendí la pantalla que daba justo al fondo de un patio, y entonces escuché lo que pedía otra ventana que emergía llena de sangre nueva, y me mostraba grandes señales luminosas, y me decía que si antes había llorado por mí, ahora mi llanto sería un arroyo grueso y desbocado, donde

STREAMS OF THE ONE AND THE OTHER

1

The wave of the color of blood from the sea of blood left me at the turn of the stream. It was like this: I was divided amongst the boxes and carried in all my hands and rattling my circle of thorns I drew near to a great whale on the shore of the beach. Then with all my selves, we began to cut grand slices of the whale to take away and plant in the channel, but it happened that the pieces of the whale began to unite and arm themselves again, entering me, drawing me in and drowning, exploding my head. I had many dreams and climbed up with my hands and my dilated pupils and my vacant eyes, until the bestial figure opened its jaws and entered the stream of four hundred million volts, the water of tears, and it carried me sideways and left me in the doorway of my house where the veins opened and my blood drained out at the feet of someone I don't remember. I woke up thinking that I had been dreaming of this someone, and the heat of the river was the color of the blood of the sea.

2

In front of the channel and the thickness, I saw the concentric circles of the old and silent screen where I asked to find your corpse, and I said something about my mother and a undulating flag, and the old screen wished for the wind to be carry her off but not before I saw her, and it said for this I had been made to die like a dog many times.

3

I went up the channel to arrive at the border of the waters of tears and set fire to the screen that opened just at the edge of the yard, and heard they had begged for another window to arise full of new blood, and it showed me the large glowing signs, and said to me that if before I had cried for myself, now my tears will be a thick river and overflow, where he

el que cayera no pudiera sino salir atado con alambres, y que su semilla fuera la semilla de sus propias venas, y que lo que soñara desde ahora sería un sueño hermoso y lleno de sangre, y que yo sería mi sueño y su sueño serían todos los hijos de las poblaciones y las tomas y de los lugares que cientos de años antes fueron tomas y poblaciones y cementerios, y que de ahora en adelante ese río que estaba escondido estaría a vista de todos, y que el viento cantaría libre fuera y dentro de todos los que seríamos llamados sus hijos, y que el sueño más hermoso sería un sueño despierto, y que nacería regado de todas las aguas del llanto, y que el río y el árbol serían uno sólo en el sueño, y que bajando su mano el sendero te dejaría libre y tan puro como cuando llegaste a su orilla, pero más puro porque de haber bajado y subido por todos sus regresos habías descubierto una canción que era amarga pero que al fin y al cabo era una canción de amor, *y esa canción de amor que vas a cantar*—dijo por último—*se canta así*:

who falls will not be able to leave without first being tied with wires, and its seed will be the seed of our own veins, and that which I dream from now on will be a beautiful dream full of blood, that I will be my dream and my dream will be all of the children of the projects and the barrios and the places where hundreds of years before there were barrios and towns and cemeteries, and that from now on this river that was hidden will be seen by all, and the wind will sing free inside us all and be called our children, and the most beautiful dream will be a waking dream, and be born watered by all the waters of tears, and the river and the tree will be one only in the dream, and below your hand the channel will leave you free and fully pure when you arrive on your shore but more pure because of having gone down and risen, for all your returnings will have discovered one song that will be bitter but at the end and the extremity there will be one song of love, *and this song of love that you're going to sing*—I say at last—*will sound like this*:

EL ESPEJO SUEÑA
A TODA VELOCIDAD

THE MIRROR DREAMS
FULL SPEED AHEAD

LA DESESPERACIÓN NO CUENTA SI SE GANA LA VISTA

nada cuenta en realidad sino esa misma desesperación
después de ver, no se gana si se arranca una hoja menos
de un libro que no nos pertenece, si no se dice el nombre
de la calle adonde vamos, no importa qué tarde. Un
    sótano
es siempre un país de palabras sepultadas, como si fuese
el desorden de una sala de clases vacía, con la imagen de
    una
marca y un papel desechado, bajo la mirada de un azar
orregido, de una caña más larga para dar vuelta
los ríos de arriba a abajo buscando el mejor pez
—es una forma de decir—o la mejor variación de una
especie, más rápida, mejor preparada para las corrientes
eléctricas—es también un decir—La luz y la lámpara de
    esa sala
dan sobre mesas rayadas como ejemplo, como ejemplo se
    lee
un nombre que es cualquier nombre para cualquiera
que lo lee, nadie cae en desesperación por la suerte
de ese nombre, después de un par de años esa mesa
llevará ese nombre ante ninguna mirada, ante la mano
de nadie caerá esa mano que reposa en ninguna parte.
No cuenta ese tipo de desaparición es bien sabido, y es
bien sabido que un nombre en una mesa de una sala vacía
es meramente un anuncio que deja su sueño
    empantanado
en una mirada moribunda. Todo esto dicho se hace
cabeza abajo en una sala iluminada por un pliego
de papeles sin nombre, certificados de defunción que
    señalan
lo que esas mesas vacías, títulos de dominio
que confirman el vacío de la vista ganada entre los cerros
la ventana con vista a una muralla, la puerta sin bisagras
que da a una ventana con vista a una muralla. Nada se
    gana
con la desesperación ante esa puerta, ni con la ventana

THE MEASURE OF DESPERATION IS IN THE VISIONS THAT IT BRINGS

nothing really matters except that same desperation
from which we come to see, nothing is gained if one leaf
    more
is plucked from the book that does not belong to us, if it
    doesn't say the name
of the street where we walk, no matter how late. A vault
is always a country of buried words, the disorder
of a hallway of empty classrooms, strewn with
marks and waste paper, beneath the glance of a
    straightened
fate, where with a grand pole we churn
the rivers of above into the rivers of below looking for the
    big fish
—in a manner of speaking—or the supreme variations of
    a
species, the fastest, the best adapted to the electric
currents—that's also to say—the light and the lamp of that
    room
spreads across the tables the scribbles of examples, where
    you read
a name that is whichever name for whatever
you are reading, no one falls into desperation by chance
with this name, after a couple of years this table
will still carry this name before any gaze, before the hand
of no one will fall this hand that rests on nothing.
It doesn't matter if you've seen this before, it's
well known that one name in the table in a vacant
    classroom
is merely a sign that leaves your foggy dream
in a dying gaze. Everything that's been said becomes
a head below an illuminated classroom beside a folder
of papers without names, certificates of death marked
on these empty tables, titles of dominion
that confirm the emptiness of the vision gained between
    the hills
the window with a vision of a wall, the door without

misma, ni con atravesar la muralla vacía. La
  desesperación
se lleva las patas de la mesa y la cubierta hinchada
  después
de una crecida de río, lo mismo vale para la puerta de la
  casa
de la luz cortada, la suerte de la canción y su nota
de desierto, la pampa como si fuera una abertura más
entre las letras de ese nombre. Solía cubrirse lentamente
el techo de la sala con una nieve paciente, caía sobre
los techos no sólo el color vacío del crepúsculo ácido, el
  calor
de una estufa frente a un ataúd extraviado. Un cuerpo
de vez en cuando también caía en esos grandes
temporales, y la desesperación de ese cuerpo no era sino
un envío divino desenterrado del fondo de nuestros
sueños. Los cuerpos eran amigos de esa desesperación
las gaviotas y los zorzales más grandes que los del norte
a pesar de la falta de sol, las mareas más constantes a
  pesar
de sus ahogados, los muertos, enterrados. La
  desesperación
cayó después, de pronto sin ninguna verguenza sobre
la sala. Es bien sabido que no se gana nada desde
entonces. La escuela ahora está prácticamente
deshabitada, los pájaros pasan sobre las planchas del
  techo
pero no se detienen. A qué habrían de detenerse si ni hay
migajas entre arbustos espinosos, si los papeles
y los nombres quedaron en medio de una llamada que
equivocó el número de sus sílabas, si ahora hay más
  muertos
que cuando recién llegaron a la escuela. Que todo es así
también estaba escrito sobre la tabla de esa mesa
agujereada, no importa que se desprenda de una viga
barnizada o caiga una rama seca sobre el lugar
donde el nombre tuvo sangre y aire y los pulmones
henchidos. Que el amor llamó sobre los huesos
de ese nombre que fue, no importa. La desesperación

hinges
that offers a window with a view of a wall. Nothing is
  gained
from despair before this door, nor from the window
as well, nor from crossing to the vacant wall. Despair
takes away the legs of the table and its surface warped
by the flood of the river, the same thing applies to the
  door of the house
of the severed light, the fate of the song and its hollow
note, the pampas as if they were a large crack
between the letters of your name. The roof of the school
used to be covered with a slow and patient snow, falling
  over
the roofs with the color of a sour twilight and the heat
of a stove in front of the excavated grave. Sometimes
a body would fall in these grand
storms, and the desperation of this body was not only
a certain divine message unearthed from the depths of
  our
dreams. The bodies were friends of this desperation,
the seagulls and thrushes much larger than in the north
weighing the loss of the sun, the most constant mariners
  weighing
their drowned, their dead, their buried. The desperation
fell later, so suddenly and without a single bit of shame
  over
the classroom. It is well known that nothing has been
  gained since
then. The school is now practically
demolished, the birds pass over the slate of the roofs
but never stop. They would stop but there are no
crumbs between the thorn bushes, the roles
and the names remain in the middle of a roll call
that misreads the number of their syllables, where there
  are now more dead
than when they first arrived at the school. Everything is
  like this
and was written over the slate of this
pierced table, it doesn't matter that it was detached from

de sus celos fue tan corta como la mesa de esa escuela
perdida ya derrumbe tras derrumbe. Que ese nombre
se llenara de flores a la hora del amor y de la sangre
no es parte de la desesperación ahora, no es parte
ni del deseo que sigue repetido el paso de los pájaros
ahuyentados por el olor de lo perdido, ni el deseo
de los enterrados en un fuero distinto, ni de los que
   murieron
creyendo que entraban en sus madres de nuevo, ni de los
   que
creían que sus mujeres eran como sus madres, ni de los
   que
murieron sin siquiera alguna de esas esperanzas. Nada se
   gana
con tal desesperación, aunque se siga temblando cada vez
que desentierren lo que fueron esos nombres, ni cuando
se llore porque el nombre perdido no vuelva a ser dicho,
   ni
porque una mañana terminó siendo mortaja. Todo se
   traduce
tal cual siendo no más que una forma de decir, diciendo
que se gana un intento, que se siente mucho. La sordina
se ve en la red como si fuese parte de esa
desesperación, pero ni los nombres perdidos
ni los que sueñan encontrarlos en las páginas paganas
de esa red, ni los que han tratado de pescarlo con las redes
de sus sueños han podido ganar. Que se siga apostando
es una forma de decir, que se sienten y sigan las
   excavaciones
y encuentren restos de tablas y mesas y en ellas nombres
grabados por manos que dejaron este y todos los mundos
es sólo otra forma de decir que se ve de lejos y de cerca
con una buena hora de insolación, con un buen deseo,
   con
una buena forma detallada de herir techos y temporales
abiertos ahora pero invisibles, son todas formas de decir
o de callarse. La luz y la lámpara de otra sala dan sobre
las mismas mesas rayadas como ejemplo, como ejemplo
   se lee

a vanished or fallen beam, a dry branch over the place
where your name found its blood and its air and its
   swollen
lungs. That love called over the bones
of this name that left, it's not important. The desperation
of your jealousy was too short for this schoolroom table
lost now in destruction after destruction. That this name
is filled with flowers in its hour of love and blood
is not part of your desperation now, it's not part
of your desire that continues repeating the passage of the
   birds
put to flight by the odor of the lost, nor the desire
of the interred in a different jurisdiction, nor of those who
   died
believing they would enter their mothers anew, nor of
   those who
believed that all women were their mothers, nor of those
   who
died without following any of their hopes. Nothing is
   gained
from this desperation, although it continues trembling
   every time
they disinter all that went with those names, nor when
they cry out because the lost name will never again be
   spoken, nor
because one morning it ended up being a shroud.
Everything is translated
as being no more than a way of speaking, saying
that you gained a purpose, that you learned much. The
   mute
that you saw on the net was part
of your desperation, but not the lost names
nor those who dreamed to encounter them in the pagan
   pages
of the net, nor those who have tried to fish for them with
   the nets
of their burnished dreams. That the betting continued
is a way of saying that they knew and continued the
   excavations

otro nombre que es el mismo para nadie que lo lee, y es
    bien
sabido que ese nombre en un poema vacío es su sueño
empantanado en la calle de su noche empedrada. Nada
se gana con la desesperación pues entre el nombre que se
escribe y el nombre que se borra se abre la misma
distancia siempre: la ventana con vista a una muralla: la
    puerta
sin bisagras que da a una ventana con vista a una muralla.

and found the rest of the slates and tables and in them
    names
recorded by hands that left this and all the worlds,
is only another way of saying what is seen from near and
    far
at some shining hour, wishing it well, in some
beautiful form drawing out the wounded roofs and the
    approaching
storms here now but invisible, and everything is a way of
    speaking
or remaining silent. The light and the lamp from another
    hall flow over
the same striped tables, for example for example you read
    another name
that is the same for anyone who reads it, and it's well
    known
that this name in an empty poem is your foggy dream
in the street of your enclouded night. Nothing
is gained with this desperation since the name you
write and the name you erase assume
an equal distance: a window with a view of a wall: the
    door
without hinges that offers a window from which you see
    another wall.

LA RISA POSIBLE FRENTE AL PORTAL CERRADO PARA SIEMPRE cuál es, y cuál el
portal que no ha ganado para sí al llamar una aparición
que se deje recibir de una manera siempre encabritada, de
   una
pacífica manera que gane en quietud, que gane en
persistencia si se mira y se relee. El portal es una abertura
que no se deja ver por sí sola, porque si hubiese un espejo
en su lugar nadie lo notaría, o si estuviese abierto y de pie
como un surtidor dispuesto a llenar el aire de un color
como de sangre, de hacerse atravesar por los mismos
pájaros de siempre, los mismos ñandúes y bandurrias
que amenazan desaparecer si se cruzan entre sí, más
si se cruzan con la sombra de uno de los viejos repetidos
en la llamada pampa, abiertos como están esos portales
por los que cruzamos ahora sin que siquiera nos veamos
cruzando, por más atrás que se vaya habremos de salvar
la orilla menos perpetua, la fijación más perturbada, el
   liquen
bajo la huella de una bota de nieve, la nieve que ya no
   deja
su huella entre los filos de nuestros ojos oscurecidos
por esa ausencia. Aquí se deja sentir frente al portal
la picazón de un sol que se ha venido abajo con cólera
y resaca, un año caluroso que derrite los telares donde
se funden los viejos campamentos, las semillas amanecen
selladas ante el calor desbocado, ante el registro pulcro
de la acidez que muerde flotando los papeles de las
   pequeñas
culebras que aún se arrastran al balancear sus colas
en los agujeros de la Tierra del Fuego. No hay animación
que desdiga la virtud al volver sobre los malos pasos
   dados
hace los años que sean, con inmejorable verdad
se tropieza al tratar de volver sobre la pisada del portal
que se hace culebra y muerde bajo el asiento de la micro
hundida a orillas del Estrecho, un aguijón
de fierros retorcidos donde quedaron estrelladas las
pulsaciones de tu cuerpo veinte años más joven, tu misma

THE LAUGH WAITS IN FRONT OF THE PORTAL WHICH HAS BEEN CLOSED FOREVER, and which the
portal has not yet reached, for to call him an apparition
always riles him up, while a more tentative
approach achieves its aims in quietude and in
persistence if you can see him and read him again. The
   portal is an opening
through which only some are allowed to see, for if you
   were to hold a mirror
in its place no one would notice it, or if it were open and
   stood
like a bright fountain filling the air with a color
like blood, which is crossed by the same
birds as always, the same rheas and bandurrias
that threaten to disappear if you cross between them,
   even more
if crossed with the shadow of one of the old men
   returning
to the so-called pampas, opened as the portals are
for those that we cross now without seeing ourselves
crossing, for the farther back we go we will have to save
even the least perpetual shore, the sticking point shifting,
   the lichen
below the footprint of a boot of snow, the snow that
   already does not stop
the footprints between the edges of our eyes blurry
with this absence. Here you may feel in front of the portal
the sting of a sun that collapsed in rage
and inebriation one hot year that thawed out the looms
   where
they melted the old encampments, the seeds begin to
   appear,
sealed before the overflowing heat, before the record heat
of the acid that bites into the floating furls of tiny
snakes that still creep and roll their tails
in the holes of Tierra del Fuego. There is no film
that will release you from the virtue of returning to the
   bad things you have done

voz veinte años más joven diciendo *se paga,* diciendo
me puede llevar. Hasta dónde te ha llevado esa micro,
    hasta
el fierro torcido más duro ciertamente que tú mismo,
más persistente podríamos concordar, hundido frente al
Estrecho, sepultado con tu viejo beso arrugado dado a
rabiar y escrito con iniciales a la altura de tus ojos,
    iniciales
que pudieran significar nada más que finales de lo que el
mismo portal y la misma micro, y el mismo beso repasan
por perdido. Lo que se abre ante esa puerta que no se abre
    es
nada comparado al peso de la arena que sepulta esos
    viejos
fierros, el peso de otra arena que es la misma de la que
    está
hecha el portal, y la mano y el brazo del albañil que dio su
peso en sangre repartido bajo el fulgor de los frisones y
    los
detalles del relieve, el mismo peso de sangre repetido
sobre los goznes y la cerradura como exiliados del
fogón y de la mano del viejo herrador. Es como si todo
estuviese exiliado y fuera de sí si lo ves con distancia, la
    letra
que queda recién detrás de tu párpado, la luz que filtró la
    pupila
del gato que se equilibra tras tu recuerdo, el lazo
que se desboca desde el fondo de tu sangre, la verja
que se cerró tras la única floración de miradas
en primavera. No puedes llegar a abordar un señuelo
por lo que éste es, no puedes ya frente al portal esbozar
una mueca que no se repita interminablemente como si
    fuese
un mar de muecas, que es decir un mar indescifrable de
posibilidades, como si estuvieras de pecho otra vez,
    bebiendo
la leche invisible, moviéndote como loco sin que lo notes
siquiera, ni hablando pues para qué vas a hablar
puro movimiento aunque estés detenido detrás de la

all these years, from the immemorial truth
that you stumble over when trying to retrace the footsteps
    of the portal
that creates the snakes that bite below the seats of the bus
drowned along the shores of the Strait, the sting
of twisted iron where little stars remain
pulsing in your body twenty years younger, your same
voice from twenty years ago saying *here it is,* saying
can you take me there. Beyond where you had taken the
    bus, beyond
the twisted knife certainly much sharper than your own,
or at least more persistent, sunken before
the Strait, buried with your old kiss shriveled into
rage and written with its initials at the height of your eyes,
    initials
that are able to signify nothing more than the end of that
same portal and that same bus, the same kiss given up
for lost. That which opens before this port that does not
    open is
nothing compared to the weight of the sand that buried
    those old
irons, the weight of the other sand that is the same as that
    which the portal
has made, and the hand and the arm of the mason who
    gave his
weight in blood divided below the glare of the friezes and
    the
details of the relief, the same weight of blood repeated
over the hinges and the locks like exiles from the
galleys and the hand of the old blacksmith. It's as if
    everything
were exiled and would be like this if seen from a distance,
    the letter
that remains just behind your eyelid, the light that filters
    the pupils
of a cat which hovers over your memory, the slipknot
that is bolting from the depth of your blood, the grating
that was sealed after the first flowering glances
of the spring. You cannot approach to address a lure

pantalla, porque tras eso se acaba tu remedo de
aliento, de boca con pulgar y de lengua con pulgar.
   Después
de decir sí viene decir no, y siempre decir qué después
de decir nada, total el gesto es uno y con ese gesto basta
para volver como en un segundo por el lomo de la tierra
y entrar sin zapatos a la calle del portal que parece
la calle iluminada de un cibercafé, la reja de la que no
tienes recuerdo, pero esa reja misma es la
calle que se abre con su poco de sangre seca, con su
escupitajo en alguna parte de ti de la que no das cuenta,
   que
no se percata si cruzas con otra parte de ti, menos si eso
se cruza con la sombra repetida a su vez en la cruz
   repetida
en la pampa, cruzando la huella bajo metros y metros
de nieve, riendo y comiéndote los ojos la culebra de esa
ausencia. Así se deja sentir la risa de un sol que se ha
   venido
abajo—con portal y todo—este año caluroso.

such as this one, you can't before this portal sketch out
a grin that is not repeated interminably as if there were
a sea of grins, which is to say a sea of indecipherable
possibilities, as if you were at the breast again, drinking
the invisible milk, moving like a madman without
   noticing it
in the least, nor speaking for how would pure movement
   speak
while moving, even if you are trapped behind the
screen, because after that it is just your breath shadowing
your mouth with thumbs and the language of thumbs.
   After
saying yes it comes to saying no, and always to say what
   after that
says nothing, all gestures are one and with this gesture
   enough
to return as if in a second to the groin of the earth
and enter without shoes the street of the portal that seems
like a lit-up street of a cybercafé, the gate of her that you
   need
not remember, but this same gate is the
street that opens with its dash of dried blood, with its
spit in any single part of you that does not yet realize, that
does not cross paths with any other part of you, except if
   it
crosses with a shadow doubled on the doubled cross
of the pampas, crossing the tracks beneath meters and
   meters
of snow, laughing and swallowing the eyes the snakes of
   this
absence. And here you can feel the laugh of the sun that
   has gone
below—portal and everything—this broiled year.

ESCRITO HACE UN MILLÓN DE AÑOS

Primero fue mirarse en el espejo de las aguas, aunque
    antes
de mirarse fue oír el nombre de uno en el lugar donde
lo oímos. Sólo que antes, tal vez, estaba el desvarío, la
    piedra
que sujeta al fondo del arroyo se libera en pequeños
movimientos. Cuando esa piedra llega a la orilla
entonces comienza lo que llamamos. Saber qué llamamos
toma otros cientos de miles de años, y otras toneladas
de agua, y otros kilómetros de viento para deshacerla
entre otras piedrecillas. Para cuando la piedra ha entrado
en su parto vegetal, podemos empezar a oír aquello
que escuchamos, aunque antes deba enraizarse y llegar
a abrirse al tibio movimiento. Sólo después empezamos
a llamar, y aunque primero—es un decir—estamos solos
y rodeados de tinieblas, es nuestro llanto del que nacen
las aguas donde después nos miraremos, y el suspiro
que sigue al llanto, lo que da origen al viento que llegará
a deshacer esa piedra. En esas aguas va lo que
escuchamos, salimos de ellas para volcarnos a la orilla
y luego buscar la forma de remontar las mismas aguas
nuevamente. Lo que escuchamos se repliega y vuelve
con olas del color de la sangre de la mar de la sangre. Con
cada ola se deshoja su sonido. Componer el sonido entero
nos lleva tantos años como le lleva a la piedra llegar al
    fondo
de nuestra sangre. De ahí el resto se desata como en un
    sueño.
El primer sueño—ya se dijo—se llamó Kooch, y fue capaz
de soñar sin que nadie hubiese abierto los secretos
de la espesura por donde ahora abrimos nuestro
paso. Pero nadie reparó que Kooch vendría luego
también solo, y quedaría en las tinieblas esperando un
    barco
que daría a luz nuevamente su mismo cuerpo y el mismo
    cuerpo
por donde ahora abrimos nuestros pasos. Lo que

WRITING TAKES A MILLION YEARS

First it went out to look in the mirror of the waters,
    although before
looking it went to hear the name of the one in that place
    where
we heard it. Only before that, perhaps, it was a madness,
    the stone
attaches to the bottom of the stream and is loosened in
    tiny
movements. When this stone arrives at the shore
only then begins the calling. To know what we call it
takes others hundreds of thousands of years, and others
    tons of
water, and others kilometers of wind to dislodge
other pebbles. For when the stone has become
in part vegetal, we are able to hear—far off—what
we hear, before it can take root and
split open in tiny movements. Only later do we begin
to name, and then at first—it is said—we are alone
and surrounded by darkness, it is our tears that birth
the waters where later we will see ourselves, and the
    breath
that follows the tears gives origin to the wind that will
    arrive
to dismantle the stone. Into these waters goes that which
we hear, we leave from them to throw ourselves on the
    shore
and later to look for a way to raise these same waters
again. What we hear withdraws and returns
with waves the color of blood from the sea of blood. With
each wave it peels its sound. To create this sound takes us
as many years as it takes the stone to reach the depths
of our blood. From there the rest dissolves like a dream.
The first dream—as already said—was named Kooch, and
    was able to be
dreamt without anyone having to open the secrets
of its thickets from where now we open our
passage. Only no one noticed that Kooch arrived

llamamos
se acerca a ese estigma repetido. Encerrado
decíamos, rodeados de agua, escuchamos a pedazos
lo que escuchamos. Lo que llamamos se ha abierto
  primero
en su angustia, luego en su reiteración, y nosotros después
sólo una parte del esquema, pues lo que decimos
tiene una densidad que nos supera si miramos hacia atrás.
Frente a la pantalla, ahora decimos navegar. Llamamos
y escuchamos al mismo tiempo y no es sino reiteración
de lo que escuchamos. Sería lo mismo decir que estamos
en la cabina rodeados de luz y que entonces
empezamos a llorar. Las teclas riman contra la soledad
de esa cabina y hacen espacio para dejar oír
que llamamos. Es un ejemplo y un decir. La reiteración
sigue si caemos en cuenta que repetimos la cantinela
del navegar, y que el rostro repetido en la pantalla
está igualmente repetido y del mismo modo que el rostro
sobre el agua. Todas esas constataciones no son sino
pedazos de lo que oímos, y lo que sigue rimado
con sus teclas es parte de lo que llamamos después
del llanto. Antes de la mar. Y antes de volver a escuchar.

also alone, and stayed in the shadows waiting for a ship
that would birth anew his same body and the same body
where we now open new passageways. What we name
draws near to this repeated stigma. We are enclosed,
we said, surrounded by water, as we listened to hear
  pieces
of what we heard. All that we named opened first
in his anguish, later in his reiteration, and later we were
just a part of the scheme, but what we say
has a density that overcomes us if we look backwards.
Opposite the screen, now we say to navigate. We call
and listen at the same time and there is not one
  reiteration
of what we heard. It will be the same as saying we are
in a cabin surrounded by light and then
we begin to cry. The keys rhyme with the solitude
of this cabin and create a space where we can hear
all of the names we have called. It's an example and a
  manner of speaking. The reiteration
unfolds if we realize that we repeat the same old songs
of the navigator, and the repeated face on the screen
is equally repeated in the same way as the face
over the water. All of these instances are not just
pieces of what we have heard, and what follows—rhymed
with the keys—is part of what we named after
the tears. Before the sea. And before it returned to listen.

EL ESPEJO SUEÑA AHORA A TODA VELOCIDAD

Tras el millón de años soñando, conocemos
Lo Que Decimos y Lo Que Llamamos.

Ambos dicen que tienen sólo un bote despedazado
en una orilla lejana, sin *las mínimas medidas*
de seguridad para navegar.

Preguntamos el nombre del bote.

Lo Que Decimos, dice *Malborough*
Lo Que Escuchamos, *Esperanza.*

Parecen nombres de barco, no de botes
decimos.

Y nos subimos igual.

NOW THE MIRROR DREAMS FULL SPEED AHEAD

After a million years of dreaming, we know
That Which We Say and That Which We Call.

Both say they have only a broken boat
on a distant shore, without *the minimum security*
requirements for navigation.

We ask for the name of the boat.

That Which We Say, says *the Malborough.*
That Which We Hear, says *the Esperanza.*

Those are names for ships, but not boats
we say.

And we get on anyway.

POST SCRIPTUM
POSTSCRIPTS

EDUARDO CARTES DESPIDE AL VIEJO CEMENTERIO MIRÁNDOLE A LOS OJOS

Veo un espejismo detenido y avanzando, es señal que se abren los sueños de los niños. Un disparo me hizo hombre entre los cerros; que ahora venga mi madre, que estoy flaco y ojeroso.

Porque veo la lengua de las piedras mojada por los ríos, y el polvo de las piedras llevado por el viento. Mi madre me amamanta afirmada contra una casa, su leche es espesa, su pezón es de piedra tallada.

Niego que alguna vez pueda llegar a vivir tras esa piedra como viví cuando apenas recitaba su roce. Es así: el hijo abandonado recibe un poema, con el poema corta el pan, y saca leche de la piedra.

Un corazón de leche le empieza a latir cuando sube a los techos. La madre dice que baje, que la once está servida. El hijo le muestra una pelota de trapo, *ahí tienes a tu hijo*, le dice.

Las piedras caen de la madre, hacen ruido de lluvia en vez de ruido de piedras, bajan cantando del techo cuando el hijo ha servido la once con el agua caída de los cielos.

Quiero el pecho de mi madre antes de irme repetido, enfrentando el remedo de mí, bajo el pulso de un jardín sepultado, parecido al paraíso de los perros.

Quiero el pecho de mi madre, pues de ahí vengo, con música. El día que decidí pintar el primer día, fui al espejo, y me miré a los ojos.

EDUARDO CARTES SAYS GOODBYE TO THE OLD CEMETERY WHILE LOOKING FOR HIS EYES

I see a mirage locked in sight and moving forward, it's the signal they have opened, the dreams of the children. A shot in the hills made a man of me; now my mother comes, because I am so very thin and haggard.

Because I see the tongues of the rocks dampened by the rivers, and the dust of the rocks carried by the wind. My mother breastfeeds me, pressed against a house, her milk is thick, her nipple a sculpted stone.

I deny that someday she will come to life from the stone while I live on reciting the brief touch of her hand. It's like this: the abandoned boy receives a poem, and with the poem he slices bread, and sops the milk from the stone.

Her heart of milk begins to throb when he climbs up to the roof. The mother says to come down, that the snack is being served. The boy shows her a bag of cloth, *behold your son*, he says.

Stones fall from the mother, making the noise of rain instead of the noise of rocks, fall singing from the roof when the son has been served the snack with water fallen from the skies.

I want my mother's breast, before I begin repeating myself in front of the copy of myself, beneath the pulse of the burial gardens, a seeming paradise for the dogs.

I want the breast of my mother, from whence I come, along with the music. The day I decided to paint the first day, I went to the mirror, and I looked at her eyes.

JAIME BRISTILO TRADUCE
LAS COPAS DEL CASTIGO

1

Larga copa de sangre
por yermas bocas bebida
lleno el corazón de lejanía.

La tarde sube a la copa
del árbol con el suicida
y larga copa de sangre.

No dice el viento sus nombres
y arrastran muertos sus piras
lleno el corazón de lejanía.

Pesadas nubes en celo
con guante blanco de herida
y larga copa de sangre.

El agua triste del cielo
que baja el sol en su orilla:
Larga copa de sangre
que llena el corazón de lejanía.

2

El nudo de la palabra
ahogado en muda semilla
acalla el corazón de los ríos.

La casa abierta el madero
el blanco ruido de niñas
y el nudo de la palabra.

La magra boca del pobre
que el viento blanco trasquila

JAIME BRISTILO INTERPRETS
THE PENALTY CUPS

1

Tall glass of blood
by vacant mouths drunk
I fill the heart of distance.

The evening climbs the glass
of the tree with the suicides
and the tall glass of blood.

The wind does not say their names
and the dead sweeping away their pyres
fill the heart of distance.

Slow clouds in their fervor
with white gloves of ice
and the tall glass of blood.

The sad water of the sky
that lowers the sun to its shore:
The tall glass of blood
that fills the heart of distance.

2

The knot of the word
drowned in the mute seed
silences the heart of the rivers.

The open house, the ship
the white noise of girls
and the knot of the word.

The lean mouth of the poor
that the white wind sheers
silences the heart of the rivers.

acalla el corazón de los ríos.
Un paso muerto de trigo
de oscuro polvo, de harina
del nudo de la palabra.

En grandes fosas comunes
que sangre negra destilan
el nudo de la palabra
acalla el corazón de los ríos.

3

Con viejos barcos callados
marea baja en la ira
he oído el corazón del ahogado.

Con nombres, puertos, derrotas
canales, ríos, bahías
con viejos barcos callados.

Vencido el pueblo ante el viento
anclado a un faro vigía
ha oído el corazón del ahogado.

Con nombre y sangre en las calles
en plazas y en avenidas
con viejos barcos callados.

Con tranco duro de furia
con cruces rojas y heridas
con viejos barcos callados
he oído el corazón del ahogado.

A dead voyage of wheat
of dark dust, of flour
of the knot of the word.

In large common graves
that blood in its darkness distills
the knot of the word
silences the heart of the rivers.

3

With old silenced ships
tides below in their fury
I have heard the heart of the drowned.

With names, ports, defeats
channels, rivers, bays
with old silenced ships.

The town conquered before the wind
anchored to the lighthouse eye
I have heard the heart of the drowned.

With names and blood in the streets
in plazas and avenues
with old silenced ships.

With steps hardened by fury
with reddened passages and wounds
with old silenced ships
I have heard the heart of the drowned.

LA VIRGEN MARÍA
—EN MEDIO DE CHILE—
REDIME ESTE VIAJE

Tú, traductor del destino de los ríos
coronado de espinos en el viaje
hundido en tierra firme y arrastrado
condenado y transformado por el viento
si no quieres zozobrar
no quites los ojos de la luz de esta estrella.

Si llamaras al cielo con tu oído en la sombra
o llamara tu boca con un aire detenido
o se abrieran por ti las flores más amargas
si no quieres zozobrar
no quites los ojos de la luz de esta estrella.

Si echaren por la borda tu sangre estrellada
y amenazaren tu día tu río de madera
o mostraren sus cadenas los secos habitantes
si no quieres zozobrar
no quites los ojos de la luz de esta estrella.

En horas afiebradas por el miedo
en horas boca abajo en la ventisca
o en la loca enredadera de la frente torturada
o en la sed o en la ira o en la desesperanza
si no quieres zozobrar
no quites los ojos de la luz de esta estrella.

Si ella es curso en tu miedo no desesperarás
si ella es faro en la luz no desfallecerás
no te extraviarás, si es tu guía
llegarás felizmente al Puerto.

THE VIRGIN MARY
—IN THE MIDDLE OF CHILE—
REDEEMS THE VOYAGE

You, translator of the destiny of rivers
crowned with thorns of a voyage
sunk in land resolute and clinging
condemned and twisted by the wind
if you do not want to capsize
do not take your eyes off the light of this star.

If you call to the sky with your ear to the shadow
or your mouth calls out till the air stands still
or the most bitter flowers open for you
if you do not want to capsize
do not take your eyes off the light of this star.

If they spill your starry blood over the border
and threaten your day your river of wood
or unveil in their chains the dried up prisoners
if you do not want to capsize
don't take your eyes off the light of this star.

In hours feverish with fear
in hours face down in the blizzard
or in wild vines across the tortured forehead
or in thirst or in rage or in despair
if you don't want to capsize
don't take your eyes off the light of this star.

If she is your course in your fear you will not lose hope
if she is your lighthouse you will not extinguish
you will not be lost, if she is your guide
you will arrive at the Port, surprised and happy.

SARMIENTO DICE QUE ESTRECHOS SON LOS BAJELES MAS SUS DERROTAS, NO

Estrechos son los bajeles y nuestro lecho
pero no su inmensa herida ni su cámara mortuoria
ni la vieja costura de las playas prendidas a las olas
como el ojo del navegante confinado a los mapas
   más allá de la muerte.

Pero ni lecho recorrido ni corredor encallado
son estrechos
ni es errante el destino del errante
en viaje hacia la tierra dormida.
Estrechos son los bajeles
mas sus derrotas, no.

¿Qué queda entonces de este trazo?
¿el rezo que decimos con las piedras?
¿la espada de nieve en nuestra sangre?

Sea un sueño lo que quede
o un testamento quebrado
quede mi signo de amor
mi pertenencia
mi letra blanca sobre la página blanca.

SARMIENTO SAYS THAT THE SHIPS ARE NARROW BUT NEVER THE JOURNEY

Narrow are the ships and our riverbed
but not your immense wound nor your funeral chamber
not the old seam of the beaches hemmed in by the waves
like the eye of the navigator confined to his maps
   long after his death.

Neither the distant bed nor the thwarted channel
are narrow
nor the destiny of the wanderer wandering
in his journey toward the sleeping earth.
Narrow are the ships
but never the journey.

So what will remain after all these sculpted lines?
The prayer we speak with the stones?
The sword of snow in our blood?

Whether it's a dream that remains
or a broken testament
my sign of love waits here
my blind persistence
my blank letter stamped on the blank page.

DOS EPITAFIOS

1

RESTOS CRIPTA CHAT A..(ilegible)

teamamoskus said: (…)
que estaba haciéndolo. Entonces ya no pude más. Todo yo me iba y me volvía a través de una hendidura abierta en mi propia cabeza, en mi casa, frente a mi televisor. Ahí lo vi y pensé que estaba tan lejos que no era necesario ni podía ir más allá de donde estaba, por eso no f… (ilegible)

maquita1989 said:
y yo te esperé, pregúntale a J… (ilegible) te estuve esperando hasta que el viento empezó y no paró más. Después fue imposible salir, por eso tampoco fui al día siguiente, por eso te dijeron q7mnnbj (…)

teamamoskus said:
Lo que sí sé es que si me lo hubieras pedido habría echado el viento al fondo de no sé donde, que si me hubieras dicho ven, yo habría salido tal como estaba, y hubiera atravesado las callejuelas de este miserable cementerio sin dar un solo respiro, corriendo por verte, porque aunque el viento me hubiera borrado la cara, no habría podido borrarme la boca ni los ojos que tú me dib..(ilegible)

maquita1989 said:

ya sé todo lo que decías cuando (ilegible), ya dijiste que sí cuando sólo pedía un poco de eso que no sé decir desde que desapareciste, no sé decirte ahora nada de esto que se tuerce entre mi boca y mi pecho, ni sé de qué hablas cuando dices que estás y mi nombre tiembla desnudo. No sé por qué te vengo a encontrar después de hallar tu nombre entre millones de estrellas muertas, con la cara… (ilegible)

TWO EPITAPHS

1

SCRAPS OF A CRYPT CHAT TO.. (illegible)

teamamoskus said:
(…) that I had been doing it. Then already I could do no more. All I could do was come and go across the open crack in my own head, in my house, in front of the television. There I saw it and thought that it was so far off that it wasn't necessary nor even possible to go beyond where I had been, and for this I didn't f… (illegible)

maquita1989 said:
and I waited for you, I asked J about… (illegible) I was waiting for you until the wind began and just wouldn't stop. Afterward it was impossible to leave, so I didn't go the next day either, so they told you q7mnnbj (…)

teamamoskus said:
What I do know is that if you would have asked it of me I would have thrown the wind to the bottom of who knows where, that if you had told me to come, I would have left things as they were and would have crossed the alleys of this miserable cemetery without taking a single breath, running to see you, because although the wind had erased my face, it had not erased my mouth or my eyes that you dre..(illegible)

maquita1989 said:
now I know all that you were saying when (illegible), already you said yes when only asked for a little of this that I don't know how to say since you disappeared, I don't know how to tell you now any of this which twists between my mouth and my breast, nor do I know what you mean when you say what you are and my name trembles naked. I do not know why I came to find you after I discovered your name among the millions of dead stars, with your face… (illegible)

teamamoskus said:
(illegible) here too the same, I promise, tomorrow I'l... (illegible)

maquita1989 said:
her,,n (illegible)

teamamoskus said:
(...) a message with (illegible)

maquita1989 said:
mkskk... (illegible)

teamamoskus said:
(illegible)

maquita1989 said:
(illegible)

teamamoskus said:
(illegible)

2

patagon2003 said:
I sent you a (illegible) because I found the (...) of dad's who lived here ha(...) between (...) (illegible) who you all know (illegible) all knew because afterward (...) I said (...) that if there were (...) would go yes (illegible) thank you yes (illegible) thank you, ha ha ha

EL CEMENTERIO MÁS HERMOSO DE CHILE
Algunas consideraciones finales—o iniciales—

1

Mientras el mito urbano de esa distancia omnipresente que es Chile, da cuenta de un país que clama tener la bandera y el himno nacional *más hermosos del mundo*, la propia tradición oral de Punta Arenas—a orillas del Estrecho de Magallanes—dice y se jacta de poseer *el cementerio más hermoso de Chile*. Citando a Borges, para quien un idioma—o territorio, diríamos—es menos *un repertorio arbitrario de símbolos, que una tradición o un modo de sentir la realidad*; reconozco en el patetismo de ese mito local, los elementos de la lengua—geografía representados, no por símbolos tradicionales (bandera e himno en el caso chileno) sino, en palabras de la Mistral, por aquella misma almohada sobre la que todos hemos de soñar. Dicho de otra manera, lo distintivo del Magallanes urbano, lo que nos hace parte distinta del país, es un cementerio: la presencia de la muerte y sus particulares vestigios.

Pero conviene saber al lector que el origen de esa manifestación tanática, mítica, es anterior a la urbe misma. Ya Kooch, solo y rodeado de tinieblas, aislado en el tiempo inmemorial de los Aonikenk, daba origen al mundo rompiendo en llanto. Luego, esa divinidad tehuelche volvería a fines del siglo XVI, a bordo del bajel Nuestra Señora de la Esperanza, a pisar estas costas con el nombre de Pedro Sarmiento de Gamboa, a hacer cumplir con singladuras y fundaciones el sino de los habitantes de la "Ciudad del Rey Don Felipe," hoy Puerto del Hambre, mudo testamento del primer enclave español a orillas del Estrecho de Magallanes. Posteriormente, Kooch asomará hasta en los episodios más sórdidos, como el exterminio de los pueblos originarios y la estatuización de los recodos citadinos más angustiosos: *El Milagro Chileno*—frase del Premio Nobel de Economía Milton Friedman, en alusión a la reactivación económica del Chile en dictadura—es también Kooch en Magallanes.

THE MOST BEAUTIFUL CEMETERY IN CHILE
Some final—or initial—considerations

1

Within the urban myths of this endless, omnipresent distance that is Chile, a country that claims to have both the most beautiful flag and national anthem in the world, our own oral tradition in Punta Arenas—on the shore of the Strait of Magellan—boasts of *the most beautiful cemetery in Chile*. Citing Borges, for whom such an idiom—or territory, we might say—is less *an arbitrary reservoir of symbols than a tradition or a mode of knowing reality,* I recognize in the pathos of this local myth the elements of linguistic/geographical representation, not through traditional symbolism (flags and hymns, in the case of Chile) but, in the words of Mistral, a common pillow on which we all can lay down to dream. Speaking in another way, in the particular manner of urban Magallanes, what makes us play a distinct role in this country is indeed our cemetery: the presence of the dead and their particular vestiges.

But the reader should know that the origin of this thanatacical manifestation arose prior to the urban myth. Long ago, Kooch, alone and surrounded by darkness, isolated in time immemorial of the Aonikenk, gave birth to the world by breaking into tears. Later, this Telhuechen divinity would return at the end of the 16th century, aboard the vessel "Our Lady of Hope" (Nuestra Señora de la Esperanza) to step upon this coast in the person of Pedro Sarmiento de Gamboa, who sought to enforce this fate through voyages and foundations on the inhabitants of "The City of King Don Felipe" (Ciudad del Rey Don Felipe) now "Port of Hunger" (Puerto del Hambre), a mute testament to the first settlement on the shores of the Strait of Magellan. Later, Kooch would stand out in the most sordid of episodes, such as the extermination of the original towns and the establishment of the most anguished urban projects: *The Chilean Miracle*—in the phrase of Nobel Prize-winning economist Milton

Si bien ya Neruda en "La Espada Encendida", refunda estos paisajes luego de arrasados, bajo la metáfora de la experiencia amatoria; los poemas anteriores abarcan una multiplicidad de experiencias—también la historia puede leerse, en ciertos momentos, como una gran experiencia amatoria—que, desde todas las épocas, han refundado no un lugar devastado como reza la visión nerudiana, sino una Patagonia que a pesar de haber sido vapuleada hasta los huesos, evidencia a través de su relieve, su vena hidrográfica, su balbuceo y su respiración contra el viento—ritmo que intentan estos poemas—un territorio trágico real pero donde hombre y mujer, así y todo, echan sus apuestas y pagan el precio de *haber manchado a la muerte con esos besos, su lecho.* Nada que no haya estado en el lecho de otros amantes en todas las latitudes, ciertamente; pero que Magallanes, la *Madre Blanca,* la Patagonia, hace correr en su sangre con el fuego avivado por *la tragedia inútil de los vientos.*

En una de sus reiteradas alusiones al lenguaje, Borges agrega que *los idiomas del hombre son tradiciones que entrañan algo de fatal.* Retomando la sentencia de Friedman, la consumación de esa fatalidad de la que habla el autor de *El Otro, el Mismo,* no es sino la revelación del significado íntimo de ese fragmento del idioma chileno, global por añadidura, que busca y cimenta su riqueza en los dominios de la depreciación. Pues la función de la palabra *milagro* y su evidente carga divina viene a hacer del *chileno,* el reverso de un verdadero milagro. Y la ironía de ese portento es para el Chile post dictadura más que una imagen: pobladores sacados de una toma a orillas del Río de las Minas en 1990, en Punta Arenas, son llevados a una población que luego de 17 años, y a causa de los altos índices de problemas sociales, es incluida en los programas de intervención social del gobierno. En esos ex pobladores de la toma, se lee el sueño vulnerado de toda una nación, porque este Kooch que tiene connotación de milagro para los economistas, significa en verdad un derrumbe total.

Proyecto entendido, en definitiva, tal lo adelantaba en un

Friedman, an allusion to the economic policies in Chile during the Dictatorship of General Augusto Pinochet—this too represents Kooch in Magallanes.

It's true that Neruda in "The Burning Sword" recasts these devastated landscapes under the metaphor of an amorous experience; previous poems suggest a multitude of experiences—but the history could also be read, at certain moments, like one great love affair—that, from all of its epochs, has reemerged not as a devastated place like a prayer of Nerudian vision, but rather a Patagonia that despite having been battered to the bone, demonstrates through its relief its hydrographic vein, babbling and breathing against the wind—a rhythm that informs these poems—a rather tragic but real territory where man and woman, one and all, cast their bets and pay the price of *having been stained to death with these kisses, their bed.* Nothing that has not been experienced in the beds of other lovers in all latitudes, certainly; but in Magallanes, this *White Mother,* Patagonia, there runs in their blood a fire stoked by the *futile tragedy of the winds.*

In one of his repeated references to language, Borges adds that *the idioms of man are traditions that involve something fatal.* Rephrasing the maxim of Friedman, the consumption of this fatality that the author of *"The Other, the Same" speaks of,* is nothing but the revelation of the inner meaning of this fragment of Chilean idioms, moreover, it seeks out and unveils the richness of the region's devastation. For the function of the word *miracle* and its evidently divine cargo proceeds in making its link with the word *chileno* the reverse of a true miracle. And the irony of this marvel for post-dictatorship Chile is more than an image: people taken from a settlement to the shores of Río de las Minas in 1990, in Punta Arenas, taken to projects that after 17 years, because of the high rates of social problems, were included in the social intervention programs of the government. In these ex-inhabitants of the settlements ("las tomas"), we can read the vulnerable dream of the whole country of Chile, in the

texto anterior, como tentativa de hacer del Magallanes territorio una *visión comunicable,* al decir de Rosamel del Valle. Consciente—añadía—que este intento está marcado por la estirpe y la derrota final de Sarmiento. Y no sólo Sarmiento, añado hoy. La sombra de esa serpiente que *oculta los ojos de la amada tras los cerros, para que siga ella su voz y su derrotero,* refiere lo que permanece—muchas veces en lápidas ilegibles—diseminado en este mismo decir—territorio—cementerio: una única tabla navegando—antes y ahora—sobre el Estrecho; y sobre ella, un hombre y una mujer. Y es que más que el *respiramos y dejamos de respirar* de Teillier, es esa experiencia amatoria—tabla, Estrecho y lecho—la única certeza que no nos fue—ni nos será—arrebatada.

2

No quiero cerrar estos *poemas a cambio de lápidas,* sin subrayar dos símbolos. El *Malborough* y la *Esperanza,* barcos que antaño surcaron el Estrecho de Magallanes, hoy siguen su derrotero no sólo en las páginas de este libro. Desde cubierta, sus tripulantes nos dicen que nuestras velas están echadas y, por naturaleza, dispuestas al naufragio. Sin que por ello, agregan, dejen de estar henchidas por el viento de nuestro sueño. Ve entonces estimado lector, —y perdona el tono solemne—con buen viento, en busca de tu *letra blanca, sobre la estela blanca* de tu propio Estrecho.

Ch. F
Punta Arenas,
Patagonia, febrero y 2007

sense that Kooch holds a kind of miracle status for the economists, signifying in truth a total collapse.

This project should be understood, ultimately, as mentioned in an earlier text, as an attempt to create a *communal vision* of the Magallanes territory, in the words of Rosamel del Valle. Be aware, additionally, that this attempt traces the lineage and ultimate defeat of Sarmiento's dreams. And not only of Sarmiento, but also of today. The shadow of this serpent that *hid the eyes of the beloved behind the hills, so that she would always follow his voice and his direction,* refers to what remains, often in the form of illegible stones—spread across the tell-tale-cemetery: a single tablet navigating—then and now—over the Strait; and over it, one man and one woman. And it is this *which breathes and ceases to breathe in Teillier,* which is the experience of love—tablet, Strait, and bed—the only certainty that was not us—nor will ever be us—captured.

2

I don't wish to leave these *poems in place of headstones* without mentioning two particular symbols, *El Malborough* and *la Esperanza,* ships that once plowed the Strait of Magellan, that continue their course not only in the pages of this book. From their decks, the crews tell us that our sails are flung wide and, quite naturally, ready to wreck. And not only this, they are no longer filled with the wind of our dream. Then go, my reader,—and pardon this solemn tone— with a good wind, in search of your *white letter, over your white wake* of your own Strait.

Ch.F.
Punta Arenas,
Patagonia, February 2007

Biographical Background on the Poet and the Translators:

Christan Formoso, born in 1971 in Punta Arenas, Chile, has published six collections of poems, including *El cementerio más hermoso de Chile* (Santiago de Chile, Cuarto Propio, 2008), which was awarded the Best Published Work Award by the National Council of Books and Reading (Ministry of Culture of Chile, 2009). That same year, *Cementerio* was also a finalist for the Lira de Oro Ibero-American Poetry Award (Ecuador), recognizing the collection as one of the best books of poetry in Spanish published from 2007-2008.

Formoso has won several other awards, among them the Binational Literary Award of Chilean-Argentine Patagonia (1998, 2000), and the prestigious Pablo Neruda Prize granted by the Pablo Neruda Foundation (2010). His poems have been published in anthologies and media in Chile, Argentina, Bolivia, Colombia, France, Spain, Greece and the United States. In December 2014, Formoso was one of three poets chosen to represent Chile at the Guadalajara International Book Fair in México. His most recent book, also published by Cuarto Propio (2014) is *bellezamericana*.

In 2015, Formoso obtained his PhD in Latin American Studies from Stony Brook University in New York. He now teaches at the Universidad de Magallanes in his home town of Punta Arenas (ah—and a certain deer appears prominently in that manuscript—see the following photograph).

Terry Hermsen, co-translator of this volume, was born in 1950 in Chicago, Illinois. He has published two chapbooks of poetry, *36 Spokes: The Bicycle Poems* and *Child Aloft in Ohio Theatre* (both with Bottom Dog Press in Huron, Ohio). His first full-length collection, *The River's Daughter* (also published with Bottom Dog) was co-recipient of the Ohio Poet of the Year Award in 2009. He teaches English and Creative Writing at Otterbein University in Westerville, Ohio.

Sydney Tammarine, co-translator of this volume, is a freelance writer and translator and middle school Spanish teacher living in Westerville, Ohio. She once convinced a frozen yogurt company to run a coupon series she wrote all about yeti feet. She graduated from Otterbein University in 2013 where she received awards for her work in poetry, fiction, and nonfiction essay.

CPSIA information can be obtained
at www.ICGtesting.com
Printed in the USA
FSOW04n1830031016
25699FS

9 780692 560570